改正会社法対応

キャッチアップ

企業法務・税務 コンプライアンス

中央大学法科大学院教授 **酒井克彦** [編著]

ぎょうせい

はしがき

　菅義偉内閣が発足し初めて行われた経済財政諮問会議（令和2年10月6日令和2年第14回経済財政諮問会議）は、新内閣が取り組むべき、あるべき改革とその実行方策について、「都会から地方への人の流れの創出、コーポレートガバナンス改革、産業競争力の強化、グリーンによる成長、公的部門のデジタル化・効率化などについて、この内閣で強力に取り組んでまいります。」と表明した。

　ここで、新内閣の重要課題の一つに「コーポレートガバナンス改革」が示されたことは特記すべきであろう。かかる改革姿勢は企業法制に大きなインパクトを与えるものと考えられるが、そのことは、ひとり会社法制でのガバナンス論の進展のみを意味するものではなかろう。これまで、必ずしも積極的に捉えられてきたとはいいがたい租税法律関係におけるコーポレートガバナンス論の進展をも求められているとみるべきであろう。

　いわゆる税務コンプライアンスの問題は、企業にとっては、時に、利益追求という究極の目的との間に立ちはだかる高いハードルともなり得るものである。端的にいえば、企業が向かうべき利益追求という視角からは、租税負担を軽減することこそが投資家の求めへの応えであるとの観念がある限り、税務コンプライアンスは企業活動にとってのディストーションを招来する可能性があるという見方が成り立つからである。

　しかしながら、企業が税務コンプライアンスの維持・向上を怠ることは、別の意味でのリスクを孕む可能性が強調されるべきであろう。持続可能な社会の実現に向けたコンプライアンス論が進展を見せ、企業の社会的責任（CSR：Corporate Social Responsibility）が求められており、また、投資家による社会的責任投資（SRI：Socially Responsible Investment）が強調される中にあっては（平成25年11月1日付け金融庁・目指すべき市場経済システムに関する専門調査会「目指すべき市場経済

システムに関する報告」参照)、自ずと税務コンプライアンスの維持・向上も求められることになろう。租税回避の功績が強調されるのではなく、社会的責任の下で税務コンプライアンスをしっかりと維持した経営方針を展開しているという形での企業活動が求められるところである。近年は、環境や社会、企業統治を重視したESG（環境：Environment、社会：Social、ガバナンス：Governance）投資が注目を浴びているが、例えば、日本生命保険相互会社が全運用資産でESGの観点を考慮した運用に乗り出すと発表していることなどは（令和2年10月20日付け日本経済新聞）、我が国においても企業の社会的責任が一層重要視されていくことを予感させるものである。そうした中で、税務コンプライアンスが無視されるはずがない。

　この視角は広くみれば、租税リテラシーの問題に置き換えることも可能ではあるが、観念的な問題からより現実的かつ具体的な取組みが必要であると考えられるところであり、法的インフラストラクチャーの整備が進みつつある。すなわち、コーポレートガバナンスに関する会社法制の整備が進展するとともに、ソフトローによる対応として、税務コンプライアンスの維持・向上のための国税庁の取組みもその方向へ着実に進展しているのである。

　本書はこのような最近のコーポレートガバナンスを取り巻く議論に照準を当て、税務コンプライアンスを維持・向上させるための環境整備の現状について、アコード租税総合研究所及びファルクラム租税法研究会のメンバーを中心に整理し、解説を加えたものである。

　具体的に見ると、「第1章　税務コンプライアンス」では、会社法改正が租税法領域にいかなる影響を与えているかについて論じて

いる。

　そこでは、大きく分けて、❶国税庁の税務コンプライアンスの維持のための施策、❷会社法のインパクト論、❸税務に関する社会的責任論について解説を加えている。

　すなわち、❶国税庁は、「税務に関するコーポレートガバナンスの充実に向けた取組」を行い、企業内部における税務コンプライアンスの維持・向上を図る企業について、次回税務調査の時期の延期や、調査時の負担軽減といった現実的かつ具体的なインセンティブプランを提示しているため、この点についての解説を行っている（第1章1・2）。次に、❷昨今の会社法改正では、ともすると対立軸に立ちがちな投資家と経営者が同じ利益追求というベクトルを指向することを可能とするような多様な役員報酬（インセンティブプラン）の構築を可能としているが、これに対して租税法がいかなる対応を見せているのか等の議論を展開している（同3・4）。さらに、❸企業に求められる社会的責任論についての提案も行っている（同5）。

　そして、「第2章　企業法務コンプライアンス」では、企業法務に携わる弁護士及び研究者の視点から、①企業法務コンプライアンスにおける最近の傾向（第2章1）や、②法人におけるコンプライアンスチェック（自主点検）の問題（同2）について解説を行い、③グループ・ガバナンスに係る会社法改正、とりわけ令和元年度改正における社外取締役制度を概観した上で、社外取締役が果たすべき役割や今後の課題等について論究している。

　最後に、「第3章　コンプライアンス周辺の税務問題」として、コンプライアンス維持に間接的ながら重要な働きをする会社役員賠償責任保険（D&O保険）（第3章1）や、公益通報者保護を取り上げ租税法の視角から検討を加えている（同2）。

　これらの諸論点はいずれも、租税実務に携わる者にとって欠かすことのできない情報である上、共有したい問題意識でもあると考えている。

本書は、小職の提案の下、株式会社ぎょうせいの協力の下で企画されたものであるが、出版に至るまでには多くの時間を要してしまった。この場を借りてお詫びと御礼を申し上げたい。また、日本大学法学部教授の松嶋隆弘先生には、会社法の観点からの解説を加えていただくことで、強力なサポートを賜った。心より御礼を申し上げたい。最後に、本書の校正作業においては、いつも私を支えてくれるアコード租税総合研究所事務局長の佐藤総一郎氏にご尽力いただいた。秘書の手代木しのぶさんには、この度も表紙のデザイン案を使わせていただいた。両氏にも感謝を申し上げたい。

令和2年10月

酒井　克彦

Contents

はしがき

序章

第1章／税務コンプライアンス

第2章／企業法務コンプライアンス

第3章／コンプライアンス周辺の税務問題

資料編

凡　例

　本書では、本文中は原則として正式名称を用い、主に（　）内において下記の略語を使用している。

　また、読者の便宜を考慮し、判決・条文や文献の引用において、漢数字等を算用数字に変え、必要に応じて3桁ごとにカンマ（,）を入れるとともに、「つ」等の促音は「っ」等と小書きしている。

　なお、引用文献や判決文等の下線ないし傍点は特に断りのない限り筆者が付したものである。

〔法令・通達〕

憲	……………………	日本国憲法
民	……………………	民法
会　社	……………………	会社法
会 社 規	……………………	会社法施行規則
金　商	……………………	金融商品取引法
所　法	……………………	所得税法
所　令	……………………	所得税法施行令
法　法	……………………	法人税法
法　令	……………………	法人税法施行令
法 基 通	……………………	法人税基本通達
保 護 法	……………………	公益通報者保護法

〔判例集・雑誌〕

行　　録　……………… 行政裁判所判決録
民　　集　……………… 最高裁判所民事判例集
集　　民　……………… 最高裁判所裁判集民事
行　　集　……………… 行政事件裁判例集
訟　　月　……………… 訟務月報
税　　資　……………… 税務訴訟資料
金　　判　……………… 金融・商事判例
金　　法　……………… 金融法務事情
判　　時　……………… 判例時報
判　　タ　……………… 判例タイムズ
税　　弘　……………… 税務弘報
ジ　ュ　リ　……………… ジュリスト
商　　事　……………… 旬刊商事法務
曹　　時　……………… 法曹時報
法　　時　……………… 法律時報
法　　セ　……………… 法学セミナー
民　　商　……………… 民商法雑誌

序章

はじめに
―租税法令遵守に関する企業と国民の意識―

　企業のコンプライアンスに対する意識改革が進む中、コーポレートガバナンス議論はまさに花盛りの時期を迎えている。法令遵守がひいては企業価値を高めるという視角が、今後ますます注目を浴びることになることは間違いない。

　しかしながら、かかる法令遵守の文脈で論じられる「法令」のうち、果たして租税法はどれほど重要視されているのであろうか。思うに、会社法や金融商品取引法、独占禁止法、消費者関連法などの領域では内部統制システム等を通じて相当程度のレベルで法令遵守が議論されているものと思われるが、租税法はさほど意識されているようには思えない。

　企業の「脱税」や「申告漏れ」に関する報道は日々行われているものの、これら税務当局から指摘された事件の多くは、かかる企業側のスポークスマンにより、「当局の指摘のとおりに修正申告を終え、納税も済ませております」とか、「当局との見解の相違がありましたが、是正処理は済ませております」といったコメントが発表され事なきを得ているようにも思われる。管見するところではあるが、企業の租税法令違反に関して株主から強い批判を受け、結果的に経営陣が退陣するといった事例をほとんど聞いたことがない。

　他方、諸外国では、脱税とまではいかなくとも大規模な租税回避をしていると指摘されたスターバックスに対して、国民（消費者）による不買運動が起きていることは周知のとおりである。脱税は明らかに租税法令違反である一方、租税回避は必ずしも租税法令違反とはいえないにもかかわらず、このような国民レベルでのムーブメントが生じていることは注目すべきであろう。また、グーグルの租税回避に対するマスコミの報道をきっかけとして、インターネットを通じて広告ビジネスを展開す

る多国籍企業を対象とした、いわゆる「グーグル税」の創設がなされたり、パナマ文書に名前があがったイギリスのキャメロン首相らが退陣したりしている。これら諸外国の例と比較すれば、我が国の租税法令遵守に対する意識は、国民レベルでも相対的に低いといわざるを得ない。

　税務を取り巻く環境は、企業の国際化、ICT化等を背景に、高度複雑化を極めているが、これにより税務調査の困難性は日々高まっている。さらには、税務当局の人的資源の制限から、調査日数の確保や、調査着手件数を現状どおりに維持することもままならない。そこで、近時は、納税環境整備として、ペナルティである加算税制度の強化や資料情報制度の拡充などが行われてきており、いわゆる抑止力と資料収集によって適正申告を維持する方向にあるといってよい。

　そこで、国税庁が関心を寄せているのが、企業のコンプライアンス意識の醸成である。近時、同庁は「税務に関するコーポレートガバナンス」に対する取組みを展開し、税務に関するコーポレートガバナンスが構築されていると認められる企業については、税務調査の省略という特典を与える仕組みを用意している。

1 　国税庁の「税務に関するコーポレートガバナンス」

　国税当局は、①企業における税務に関するコーポレートガバナンスの取組みの確認をし、②その判定を行った上で、③トップマネジメントとの面談を行い、④その結果、税務に関するコーポレートガバナンスの状況が良好であり、調査結果に大口・悪質な是正事項がなく調査の必要度が低いと判定した場合に、⑤企業側に、一般に税務当局と見解の相違が生じやすい取引等を自主的に開示（以下「自主開示」という。）を促し、⑥当局がその適正処理を確認することを条件に、次回調査までの調査間隔を延長することとしている。

　この事務の中で、税務当局は、税務に関するコーポレートガバナンス

の状況が良好な法人に対して行うトップマネジメントの面談時に、調査間隔を延長する条件として、自主開示に同意するか否かの確認を行うこととしている。自主開示は、調査間隔を延長した結果、調査の事務負担が過重とならないために行うものであり、当局の確認の結果、処理に誤りがあると思料される場合は、行政指導として自発的な見直しを要請する。このような、自主開示に同意した法人（延長対象法人）は、次回調査までの間隔を前回調査と今回調査の間隔より1年延長されるのである。なお、この取扱いは平成28年7月1日より実施されている。

　このような取組みが浸透すれば、企業の行う税務に関するコーポレートガバナンスという視点が社会一般に共有され、いずれ、企業の税務コンプライアンスに対する株主の目線にも何らかの影響が出るのではなかろうか。すなわち、税務調査で非違が指摘され多額の加算税や延滞税が課された場合に、本来回避できた余計なペナルティ負担や企業イメージの下落等に対して、株主が経営者側を追及するということが考えられる。そうなると、もはや、「当局と見解の相違がありましたが、是正処理は済ませております」などといったコメントだけでは事態を収拾することはできないであろう。

② 税務コンプライアンスと企業の社会的責任

　企業が税務調査により非違事項の指摘を受けた場合、当局の意向に沿って修正申告をすべきか、更正処分を受けた後に訴訟において争うかという選択肢があり得るが、かかる局面においては訴訟における勝算を念頭に置いた判断も要求されよう。しかしながら、修正申告の勧奨を受けた際においては、単なる勝算の有無に拘泥するのではなく、租税法令の解釈の面から訴訟をすべきか否かを決するべきであることはいうまでもない。なお、この場面において、経営責任の原則が斟酌されるべきかについても議論の余地があろう。

　もっとも、税務当局が展開している「税務に関するコーポレートガバナンス」が、納税者のコンプライアンス意識に響くものでなければ意味がない。その際、なぜ、コーポレートガバナンスが論じられる必要があるのか、企業にとっては、単に税務調査省略のためという意義しか有しないものなのか、行政に押し付けられたものにすぎないのか等について考えることが重要である。

　「税務に関するコーポレートガバナンス」は、本来あるべき姿としてどのように位置付けられるべきであろうか。そこでは、いかにして企業が主体的な納税者として自立し得るかという点を念頭に置いた議論が必要であると考える。

Tax Compliance
Katsuhiko Sakai

Introduction:

Awareness of corporations and citizens in regards to compliance with
tax law

As awareness is being raised towards corporate compliance, discussion
regarding corporate governance has truly blossomed. Without a doubt,
the idea that legal compliance will lead to enhanced corporate value will
attract even greater attention in the future.

However, among laws which are discussed in the same vein of legal com-
pliance, how much emphasis is placed on tax law? For fields such as
those related to the Companies Act, the Financial Instruments and Ex-
change Act, the Antimonopoly Act, and the consumer laws, there is a
high level of legal compliance realized through internal controls. How-
ever, the same awareness does not exist for tax law.

Every day, there are news reports regarding tax evasion and unreported
income by corporations. However, for the majority of such incidents in-
dicated by the tax authority, a spokesperson for the company involved
will make a statement such as "we have finished amending our tax state-
ments in accordance with indications from authorities, and have paid the
required tax" or "although we had a different opinion from tax authori-
ties regarding the indicated items, we have implemented processing nec-
essary for correction." Upon making such comments, it seems that the
companies manage to avoid any problems. In my view, I have almost nev-
er heard of any cases in which shareholders expressed strong anger at
violation of tax law by a corporation and ultimately forced management
to resign. Unreported income by politicians is one case in which anger is

expressed by the general public; but even so, such scandals hardly ever mark the end of a political career. Considering diatribe against politicians at least temporarily in case of violation of the Political Funds Control Act, this is something that should be addressed immediately. With regard to other countries, on the other hand, I am sure that you have heard of how citizens (consumers) boycotted Starbucks after the company was accused of large-scale tax avoidance, although the accusations never escalated to full-scale tax evasion. Tax evasion is a clear violation of tax law, while tax avoidance cannot always be said to constitute a violation. Nevertheless, attention must be given to how citizens are taking action against tax avoidance. Moreover, the media reports on tax avoidance by Google, resulted in the creation of what is known as the Google tax, a tax law which applies to multi-national corporations that conduct advertising businesses via the internet. Furthermore, David Cameron (former Prime Minister of the UK) and other people who had their name listed in the Panama Papers have resigned. Compared to the situations in other countries, Japanese citizens have a very low level of awareness towards tax law compliance.

The tax environment is becoming increasingly complex due to factors such as corporate internationalization and implementation of ICT, increasing the difficulty of tax investigation. Furthermore, due to personnel limitations at tax authorities, it is impossible to secure the required number of investigation days or to keep the number of investigations being started at the current level. In response, recent steps have been taken to enhance the taxpaying environment. For example, an additional tax system as penalty has been strengthened and requirements for providing tax information have been expanded. Put simply, attempts are being made to maintain appropriate reporting through deterrence and collection of materials.

In that respect, the National Tax Agency of Japan is showing interest in fostering compliance awareness of corporations. Recently, the tax agency implemented a project for corporate governance for taxes. The agency is also preparing a system which grants benefits such as exemption to tax audits for corporations which are recognized as having constructed corporate governance in relation to taxes.

1 Corporate governance for taxes as espoused by the National Tax Agency

The National Tax Agency 1) evaluates corporate governance systems for taxes at corporations, and then 2) based on the results of that evaluation, 3) holds meetings with top executives; 4) based on the results of those meetings, if it is judged that the condition of corporate governance for taxes is favorable, the investigation did not indicate significant or malicious items requiring correction, and there is a low need for tax audits, 5) urges the corporation to engage in voluntary disclosure of transactions, etc. for which, generally speaking, there is a high possibility of a difference of opinion with the tax authorities (hereinafter referred to as "voluntary disclosure"), and 6) extends the interval until the next tax audit based on the condition that the tax agency can confirm appropriate processing for the said voluntary disclosure.

During this process, when the tax authorities hold meetings with top executives of corporations which have been judged as having favorable conditions for corporate governance for taxes, agency officials seek to obtain agreement for voluntary disclosure as a condition for extending the interval of tax audits. Voluntary disclosure is performed to prevent the administrative load of audits from becoming overwhelming as a result of extending the interval of auditing. If confirmation by the tax authority indicates a mistake in tax processing, voluntary correction is requested in the form of administrative guidance. Corporations which agree to voluntary disclosure (corporations eligible for extensions) receive an extension for the next audit which is calculated by adding one additional year to the interval from the previous audit to the current audit. This treatment just recently came into effect on July 1, 2016.

If such programs take root, the perspective of corporate governance for taxes at corporations will be shared through general society, and there will most likely be a change in the way in which corporate tax compliance is viewed by shareholders. In other words, if an illegal item is indicated by a tax audit and a large amount of additional tax or overdue tax is charged to a corporation, shareholders will hold management responsible for negative effects such as excessive penalties which should have been avoided and a decline in corporate image. If this happens, corporations will no longer be able to salvage the situation simply by making comments like "although we had a different opinion from tax authorities regarding the indicated items, we have implemented processing necessary for correction."

2 Tax compliance and corporate social responsibility

If a corporation is notified of an illegal item discovered during a tax audit, the corporation can either file an amended tax return in accordance with instructions from the tax authority, or can dispute the matter by filing a lawsuit after being subjected to corrective action. When considering what course of action to take, it is necessary to consider the odds of winning the lawsuit. Of course, upon receiving an order to issue an amended return, it goes without saying that the chance of winning a lawsuit is not the only issue at hand; it is also necessary to consider whether it is appropriate to file a lawsuit based on interpretation of tax law. It can also be argued that the principle of management responsibility should be considered in such cases.

Ultimately, the corporate governance for taxes being advanced by the tax authorities is only meaningful if it affects compliance awareness among taxpayers. When advancing this program, it is vital to consider if a discussion of corporate governance is required for tax compliance, if corporations will only view that program as a way to reduce the frequency of tax audits, or if corporations will simply feel that the program is being forced on them by the government.

How should corporate governance for taxes be positioned to realize its ideal form? When discussing this issue, we must consider to what extent corporations can achieve independence as subjective taxpayers.

[酒井　克彦／ Katsuhiko Sakai]

第1章
税務コンプライアンス

1 | 税務コンプライアンス総論

I 税務コンプライアンス論

1 OECD コーポレート・ガバナンス原則

2004年に発表された「OECD コーポレート・ガバナンス原則」は、「各国・地域における異なる当局間の責任分担は、明確にされなければならないし、それが公共の利益のためになっていることが確保されなければならない。」として、次のように租税とコーポレートガバナンスを接続させている[※1]。

> コーポレート・ガバナンスに係る要請や慣行は、概して、会社法、証券規制、会計・監査基準、倒産法、契約法、労働法、税法等の複層的な法・規制に左右される。このような状況においては、異なる法的作用があることにより、主要なコーポレート・ガバナンス目標を追求する能力が損なわれることになる、意図せざる重複や矛盾が引き起こされるリスクがある。政策担当者がこのリスクを認識し、それを制御する措置を講ずることが重要である。執行が有効に機能するためには、相互補完的な組織・機関の権限がそれぞれ尊重され、最も有効に活用されるように、異なる当局間において、監督・実施・執行についての責任分担が明確に規定されることが必要である。各国・地域間の規制の重複やおそらく生じるであろう矛盾は、規制の真空状態（どの当局も明確な責任を持たない事案が規制をすり抜けてしまうこと）を生じさせず、会社が複数の制

※1 OECD『OECD コーポレート・ガバナンス原則（OECD Principles of Corporate Governance）』28頁（2004）。

度を遵守するコストを最小化するために、監視されるべき事柄である。

　また、同原則は、取締役会の責任として、「コーポレート・ガバナンスの枠組みにより、会社の戦略的方向付け、取締役会による経営陣の有効な監視、取締役会の会社及び株主に対する説明責任が確保されるべきである。」として、次のように報告している[2]。

　取締役会は、会社の戦略的方向付けとともに、利益相反を防止し、会社に対して競合する要請の間のバランスをとりつつ、経営業績を監視し、株主へ十分な利益を還元することを主たる責務としている。取締役会は、その責務を有効に果たすためには、客観的で独立の判断を下すことができなければならない。取締役会は、会社が税法、競争法、労働法、環境法、機会均等法、安全衛生法を含む適用可能な法律を遵守していることを確保するために設計された体制を監視する重要な責務も負っている。取締役会が担う責務及び経営陣が説明責任を負う責務を明示的に規定することが有益であると会社側が明確にしている国もある。

　コーポレート・ガバナンスを評価できる企業は、租税負担削減行動を推し進めるプラス面とマイナス面を多面的に検討した上で、租税負担削減行動を積極的にとらないという研究報告もあるように[3]、OECD コーポレート・ガバナンス原則は、コーポレート・ガバナンスの議論を租税法遵守に接続させる。

　また、同原則は、開示及び透明性につき、「コーポレート・ガバナンスの枠組みにより、会社の財務状況、経営成績、株主構成、ガバナンスを含めた、会社に関する全ての重要事項について、適時かつ正確な開示

※2　OECD・前掲※1、49頁。
※3　大沼宏『租税負担削減行動の経済的要因？ 租税負担削減行動インセンティブの実証分析』（同文舘出版 2015）。

がなされることが確保されるべきである」とし[4]、「非財務情報」に関する開示事項に触れている。かかる非財務情報として、納税額の国別報告などの税務に関する規定が挙げられるが、いくつかの国では、非財務情報が経営報告として開示されている[5]。大規模な法人に対して、租税に関する項目の開示を義務付ける国もあり、かような国に子会社や支店を有する我が国の法人は、その国のコーポレート・ガバナンス原則に対応しなければならないことになる[6]。

2 金融機関との透明性の高い税務コンプライアンスの構築

2009年に、OECD は、「Building Transparent Tax Compliance with Banks（金融機関との透明性の高い税務コンプライアンスの構築）」を発表している[7]。そこでは、次の事項が掲げられている。

① 税務当局にとって、金融機関によって利用されている複雑な金融商品や取引を理解することや、これらのうち税務リスクを含むものを特定することには、困難を伴う可能性がある。

② 金融機関は、自己が使用するため及び顧客に提供するために、複雑な金融取引の開発を行っている。税務当局は、透明性を欠き、租税を主要な動機としている複雑な金融取引に対して懸念を有している。

③ より一層の信頼や透明性、協調性のある環境を促進するために、税務当局は、以下の機会を模索するべきである。

　(i) 金融機関とリスク評価を共有する。

　(ii) 著しい不確実性を伴う場合には、早期の自主開示や論点の議論

※4　OECD・前掲※1、41頁。
※5　宮石知子「海外留保利益の開示に見る国際税務戦略 — 米国多国籍企業を先行事例として —」中央大学大学院研究年報（戦略経営研究科篇）5号50頁（2017）。
※6　岩崎瑛美「コーポレート・ガバナンスが税負担削減行動に及ぼす影響」『税に関する論文』入選論文集〔第14回〕2頁（2018）。
※7　OECD "Building transparent tax compliance by banks" July 2009.

を勧奨する。

　(iii)　商品やサービスに関する結果が不確実であり得る場合には、相互信頼関係又は協調的関係を追求する。

　そして、同報告書は、税務当局への主要な提言として、税務職員が、金融機関の業務、特に金融機関のガバナンス構造や複雑な金融取引の組成過程に関する理解を深めることができるよう、金融機関とのイニシアチブを検討すべきであるとしており、通達、ルーリング及びリアルタイムでの議論を通じて相互信頼関係を構築する一環として、金融機関と協働することの必要性を論じている。また、複雑な金融取引の商業上の背景や詳細な内容をより一層理解できるよう、金融機関に対して更なる透明性を促すことや、濫用的租税回避の阻止、摘発及び対応のために必要な戦略を確保すること、加えて、オフショアプロモーターやオフショアの脱税に対処するため、執行当局や規制当局と一層密接に協働すべきことを提案している。

③ 非財務情報の開示

　多くの国では、非財務情報の開示が義務的あるいは自主的になされているところであり、さらに、これを戦略的情報開示の問題としてコーポレート・ガバナンスのフレームワークの中で議論する方向感もある。もっとも、かような視角は最近の関心であるが、これは、いわゆる社会的責任の文脈において発展しつつある議論として捉えることも可能である。

　いわば、環境への配慮や社会的責任（CSR：Corporate Social Responsibility）の遂行のためのステークホルダー向けの議論の中で、長期的企業価値増大を図るための問題関心たるESG論の一環である[8]・[9]。な

※8　北川哲雄＝佐藤淑子＝松田千恵子＝加藤晃『サステナブル経営と資本市場』61頁（日

お、ESG とは、現在の投資家の情報開示に対する関心が財務情報のみならず、非財務情報にまで広がりを見せる中で、特に環境（Environment）、社会（Social）、ガバナンス（Governance）を指し、それらに配慮する企業を重視する投資手法をESG 投資という※10（この点は、本章「5　企業の社会的責任と適正納税・租税行政への協力」も参照されたい。）。

　これは、2006年に機関投資家に対してESGに配慮した投資を行うことを求める国連責任投資原則（PRI：Principles for Responsible Investment）が採択され、これらの情報を投資対象企業の選別に反映させる流れが強まったことなどを背景に持つ※11。開示書類としては、環境報告書、CSR 報告書、サステナビリティ報告書などがあり、ベースとなる基準やガイドラインとしては、GRIガイドライン（2000）及びGRIスタンダード（2016）※12、ISO26000（2010）などが挙げられる。この流れは、2015年9月の国連総会で採択されたSDGs（Sustainable Development Goals：持続可能な開発目標）やパリ協定（2015）などによっても高まっている。

本経済新聞出版社2019）。
※9　そこでは、サステナビリティに係る国際ガイドライン策定機関であるGRI（Global Reporting Initiative）が2018年12月に示した「税と政府支払」に関する新たなスタンダード案に関心が寄せられる（GRI Web site, NewGRI draft Standard on Tax and Payments to Governments Driving Greater Transparency（https://www.globalreporting.org/information/news-and-press-center/Pages/Draft-standard-tax-and-payments-to-government-public-comment-2018.aspx）〔令和2年9月15日訪問〕）。なお、GRIとは、気候変動や人権等を含むテーマを取り上げて活動を行うNGO（非政府組織）であるが、サステナビリティ報告書への理解促進とその作成をサポートしている。
※10　江川雅子『現代コーポレートガバナンス』216頁（日本経済新聞出版社2018）。
※11　この点について、吉井一洋「胎動する非財務情報開示と第三者保証」資本市場研究所『企業法制の将来展望 ― 資本市場制度の改革への提言 ―』54頁（資本市場研究所2018）。
※12　GRIガイドラインの初版は、報告書を作成する企業、NGO、コンサルタント、監査法人、機関投資家、労働組合、学者等により2000年に作成された。2013年には第4版が出版されている。さらに、2016年には、新板の「GRI スタンダード」が発表されている。

このように非財務情報の開示は、環境意識という側面から強力に推進されつつあるが、他方で、2007年以降の世界的な金融危機を受けての流れも後押ししている[※13]。金融危機後の英国のケイ・レビュー（2012）[※14]に代表されるように、株主中心主義や短期的な売買への批判が強まり、株主以外のステークホルダーへの配慮や長期的な視野に基づく企業への投資促進、短期の業績に偏重した経営者報酬やコーポレートガバナンスの見直しが求められるようになっているのである。こうした国際的な潮流を受けて、我が国では、経済産業省が「持続的成長への競争力とインセンティブ〜企業と投資家の望ましい関係構築〜」プロジェクトの最終報告、いわゆる伊藤レポートを平成26年（2014）8月に公表した。さらに、翌年6月には、「持続的成長に向けた長期投資（ESG・無形資産投資）研究会」報告書、いわゆる伊藤レポート2.0において、ESG投資促進が謳われている。その後、政府は平成29年（2017）6月に、「未来投資戦略2017」を発表して、非財務情報の開示の拡充を求めている。

　かように、企業の長期的な価値創造能力を判断するための情報として非財務情報が重視されるようになってきたことは、税務コンプライアンスの議論を進める環境の下地としての意味をも有するといえよう。

II　タックスプランニングと税務戦略の開示

　欧米等一部の国では、課税当局による情報取得が可能な制度・態勢が整っているかという観点以外に、租税戦略に関する企業の姿勢や税務ポジションに係るリスクを投資家向けに開示させるとともに、広く企業のステークホルダー一般に向けて公平な租税負担に係る説明義務を課す試

※13　吉井・前掲※11、54頁。
※14　イギリスの経済学者ジョン・ケイ（John Kay）教授が英国政府（BIS）の担当国務大臣から、英国の株式市場の投資と上場企業の長期的な業績・ガバナンスに与える影響についての研究要請を受けたことに答えたレビューである。

みが存在する[※15]。米国多国籍企業は、年次報告書上の開示を通して、自らの税務戦略に関わる重要かつ有益な情報を明確な形で提供している。このことは税制の異なる日本企業にも一定の示唆を与えるものと考えられる[※16]。この点に関しては、宮石知子氏が注目すべき研究を行っているので、同氏の論文を引用して概観してみよう。

第一に、国内と国外に区分して利益や税金費用計上の状況を開示しており、グローバルなタックスプランニングの推定を可能にしている点である。これは、BEPS（Base Erosion and Profit Shifting）プロジェクトが要請する「実質性」の前提である、どこで利益を稼得しどこで納税しているかという、租税活動の実態把握に資するものといえる。

第二に、FIN48（米国財務会計基準審議会FASB解釈指針第48号）を中心として税の不確実性への対応状況の説明が充実しており、将来の租税コスト見通しの精度を高めていることが挙げられる。不確実な税務ポジションに対する会計処理を規定したFIN48に類する会計基準は、これまで日本基準にもIFRSにも存在せず、一般の日本企業ではマネジメントの判断や見積もりを反映した会計処理となっていると考えられる。租税訴訟や税制改正等の影響に関する予見可能性を情報の利用者に提供している点においては、米国企業は日本企業よりも優位である。

以上の米国企業の先進的なディスクロージャーは、一義的にはFASBやSEC（米国証券取引委員会）による規制の成果である。宮石氏によると、企業による積極的な開示は、投資家への訴求という点において極めて有効であると考えられているようである。

※15　吉村政穂「『税の透明性』は企業に何を求めるのか？：税務戦略に対する市場の評価」民商153巻5号635頁（2017）。
※16　宮石・前掲※5、50頁。

III　日本における税務コンプライアンス

　次に、我が国における取組みを見てみよう。

　国税庁では、実地調査の重点化によって、税務コンプライアンスの向上を目指しているようである。

　国税庁は「税務に関するコーポレートガバナンスの充実に向けた取組」を行っている※17。これは、大企業の税務コンプライアンスの維持・向上には、大企業が自ら税務に関するコーポレート・ガバナンスを充実させていくことが重要かつ効果的であるとの認識の下での国税庁の取組みである。そこでは、法人の代表取締役、代表執行役のほか、法人の業務に関する意思決定を行う経営責任者等といったトップマネジメントの積極的な関与・指導が重要であるとして、国税庁はこれらの者に対してアプローチを図ろうとしている。

　ここに、国税庁のいう「税務に関するコーポレートガバナンス」とは、端的にいえば、税務についてトップマネジメントが自ら適正申告の確保に積極的に関与し、必要な内部統制を整備することであり、この取組みを通じて、実地調査を実施する国税局特別国税調査官所掌法人（調査法人）たる大企業が納税義務を自発的かつ適正に履行することを目指すものである。

　この取組みは、具体的には、調査法人の調査を担当する国税局特別国税調査官（以下「担当特官」という。）が、調査着手後の早い段階で、税務に関するコーポレート・ガバナンスの充実に向けた取組みの趣旨を調査法人に説明した上で、次の項目について確認するという形で実施される。確認方法は、「確認表の作成」の依頼（行政指導）という形により行うこととされている。

※17　ここに示す内容は、平成28年6月14日付け国税庁長官通達（査調3-9）「税務に関するコーポレートガバナンスの充実に向けた取組の事務実施要領の制定について（事務運営指針）」（最近改正：令和2年6月23日）に拠っている。

① トップマネジメントの関与・指導

② 税務（経理）担当部署等の体制・機能

③ 税務に関する内部牽制の体制

④ 税務調査での指摘事項等に係る再発防止策

⑤ 税務に関する情報の周知

そして、税務に関するコーポレート・ガバナンスの状況が良好であり、調査結果に大口・悪質な是正事項がなく調査必要度が低いと判断される法人については、一定の要件の下で次回の調査時期が延長される。すなわち、次回の調査時期は、前回調査と今回調査の間隔より1年以上延長されるのである。その際、確認表の作成において、調査法人から協力が得られなかった場合は、調査時期の延長は行わないこととされている。

なお、担当特官は、延長対象法人に対して、調査省略対象とする事業年度の申告書審理を行う際に、次のような内容の自主開示や資料提出を依頼することとされている。なお、ここで、資料提出要請は、法人及び国税当局の調査に係る事務負担を軽減するために行うものであることを十分に説明し、協力を依頼することとされている。

① 申告済みの事業年度における以下に掲げる取引等の処理で、取引金額が多額のもの

　（注）　国税当局に事前相談を行い、事実関係に変更がないもの及び申告調整済みの事項は除く。

・組織再編（合併、分割、事業譲渡等）の処理（完全支配関係にある法人間で行われたものを除く。）

・売却損、譲渡損、除却損、評価損等の損失計上取引の処理（直接又は間接に持株割合が50％未満の関係にある者との間で行われた資産の売却損、譲渡損等は除く。）

② 前回調査における是正事項に係る再発防止や申告調整等の状況

③ 次回調査前に国税当局の見解を確認したい申告済みの事業年度に

おける取引等の処理で、取引金額が多額のもの

④　国税当局から提出を要請する資料

　また、担当特官は、調査時期延長後の実地調査の際に、税務に関するコーポレート・ガバナンスの再判定を行い、次のような調査時期の見直しを行うこととされている。

①　調査結果に大口・悪質な是正事項がなく、税務に関するコーポレート・ガバナンスの状況が更に良好となった法人については、調査時期を更に延長する。

②　税務に関するコーポレート・ガバナンスの状況が良好でなくなった場合、調査結果に大口・悪質な是正事項があった場合、自主開示等の履行状況が不十分であった場合には、次回調査は調査必要度に応じて実施する。

③　①及び②以外の場合については、調査時期の延長を継続する。

　加えて、国税庁は、大企業のトップマネジメントが出席する関係団体や地元経済団体等が実施する会合等において、税務に関するコーポレート・ガバナンスの充実を働き掛けてもいるようである。

Ⅳ　積極的な税務コンプライアンス論の展開

　人気お笑いタレントが税金の申告を長らくしておらず、放置していたことが話題となった。この話が報道等で注目を浴びることとなり、同タレントを抱える芸能事務所は次のようなコメントを発表した。すなわち、「当社はこれまでコンプライアンス研修を実施してまいりましたが、今後は税務に関する正しい知識・情報についても研修内容とした上で、●●〔筆者注：某タレント〕のみならず所属タレント全員に対する納税意識の啓蒙を続け、また各種手続きについてもサポートをしてまいる所存です。」というものである[18]。

※18　吉本興業HP参照（https://www.yoshimoto.co.jp/corp/news/media/media19

このように、無申告や不適正な申告、脱税等がタレントのブランド価値を傷つけ、また所属事務所等の信頼を棄損するというような事例が発生することがある。国税当局の行政施策に即応するという消極的な意味での税務コンプライアンス論とは別に、戦略的に適正な納税者像を社会に示すという形での積極的な意味での税務コンプライアンス論が今後展開されるべきではなかろうか。

　なお、この論点は、公益通報者保護[19]との関係や、租税教育[20]との関係にも接続する議論であることを最後に付け加えたい。

〔酒井　克彦〕

1026_2.html〔令和2年6月1日訪問〕）。

[19]　公益通報者保護法の問題関心が租税法にも大きく当てはまると考える（酒井克彦「公益通報者保護法と租税行政」商学論纂〔中央大学〕59巻1＝2号133頁（2017）、同「これからの租税通報制度 ―あなたが会社の不正を知ったとき― 」税大ジャーナル31号15頁（税務大学校HP）（2020））。

[20]　租税教育に関しては、筆者の税理連載「租税教育の課題と展望～『租税リテラシー』の醸成を求めて～」第1回～第6回(61巻4号～8号)(2018)、同「租税リテラシー教育検討委員会中間報告」62巻6号150頁（2019）、筆者の税務事例連載「アコード租税総合研究所報告」第91回～ 第97回（50巻6号～12号）(2018)、第101～ 第103回（51巻5号~7号）、第105回（同8号）、第107回（同9号）、第108回（同10号）、第111回（同12号）(2019)、第112回（52巻1号）(2020)など参照。

2 コンプライアンス制度と法人税法
―「税務に関するコーポレートガバナンスの充実に向けた取組」を中心として―

Ⅰ　国税庁によるコーポレートガバナンスの取組み

　現在、国税庁は、大企業の税務コンプライアンスの維持・向上には、トップマネジメントの積極的な関与・指導の下、大企業が自ら税務に関するコーポレートガバナンスを充実させていくことが重要かつ効果的であることから、その充実を促進するという趣旨の下で、「税務に関するコーポレートガバナンスの充実に向けた取組」（以下「税務コーポレートガバナンスの取組み」という。）を推進している。国税庁のホームページでは、関連する資料として、次のようなものが公表されている[※1]。

・「税務に関するコーポレートガバナンスの充実に向けた取組の事務実施要領の制定について（事務運営指針）」（平成28年6月査調3-9、令和2年6月23日改正。以下「本件事務運営指針」という。本件事務運営指針に定められた用語の定義について、**図表−1参照**）[※2]
・「税務に関するコーポレートガバナンスの充実に向けた取組について」（令和2年6月。以下「本件概要資料」という。）
・「平成30事務年度取組状況」

※1　https://www.nta.go.jp/taxes/tetsuzuki/shinsei/shinkoku/hojin/sanko/cg.htm.以下、本節で引用するURLの最終閲覧日は令和2年10月9日である。
※2　事務運営指針とは、部局等の長が発する職務上の命令で、事務の取扱い又は運営に関する準則となるもので、いわば事務運営に関する通達を部内に対して定めているものである。

●図表－1　用語の定義

用　語	定　義
税務コンプライアンス	納税者が納税義務を自発的かつ適正に履行すること
税務に関するコーポレートガバナンス	税務についてトップマネジメントが自ら適正申告の確保に積極的に関与し、必要な内部体制を整備すること
トップマネジメント	法人の代表取締役、代表執行役のほか、法人の業務に関する意思決定を行う経営責任者等

（出典）本件事務運営指針に基づき筆者作成

　本件事務運営指針によると、国税庁は、大企業（同指針の対象は国税局の特官所掌法人[※3]）に対する調査の機会を利用して、税務コーポレートガバナンスの状況を5つの確認項目（**図表－2参照**）に沿って確認し、国税局幹部とトップマネジメントの間で意見交換を行い、税務コーポレートガバナンスの状況が良好であるなど一定の場合には、次回の調査時期を延長し、そこで浮いた調査事務量をより調査必要度の高い企業に振り向けることとしている。国税庁は、かような協力的手法による取組みによって、国税庁としては調査必要度の高い法人への税務調査の重点化、企業側としても税務リスクや税務調査対応の負担[※4]の軽減といったメリットが生じると説明している[※5]。

※3　資本金がおおむね40億円以上の法人を対象としており、資産規模や売上高規模などから全国で約500社が選定されている。「特管所掌法人と税務CG」週刊税務通信3558号30頁（2019）参照。
※4　実調率（調査頻度）や調査期間の観点から、特官所掌法人の実地調査に係る企業負担が比較的大きいものであることについて、前掲※3「特管所掌法人と税務CG」、30頁参照。
※5　本件概要資料10頁参照。

●図表 - 2　確認項目

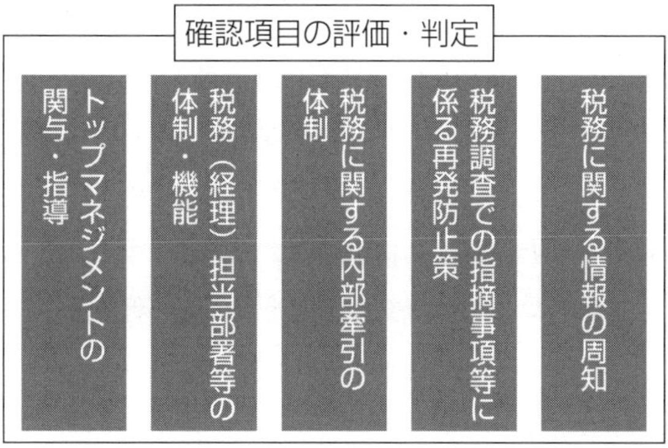

確認項目の評価・判定

| トップマネジメントの関与・指導 | 税務（経理）担当部署等の体制・機能 | 税務に関する内部牽引の体制 | 税務調査での指摘事項等に係る再発防止策 | 税務に関する情報の周知 |

※　税務調査への適切な対応・帳簿書類等の保存状態を勘案

（出典）本件概要資料5頁

　税務コーポレートガバナンスの取組みは、①複雑多様化する経済環境や課税当局の限られたリソースの中で国民が自ら税の申告と納税を行う申告納税制度を維持するための新たな支柱又は補強材として、②対立構図一辺倒になりがちな納税者と課税当局との間に、租税の賦課・徴収に法律の根拠を厳に求める租税法律主義や申告納税制度の理念の下で適正な申告納付を実現するという同一目標に向かう協力ないし協働関係を構築するための試みとして、注目される。

　本節では、税務コーポレートガバナンスの取組みについて整理・考察する。なお、税務コーポレートガバナンスの取組みには説明会等の実施も組み込まれているが、以下では、調査の機会を利用した働き掛けに係るものを中心に取り扱う[6]。

---

[6]　なお、本節は同タイトルの拙稿（税理63巻6号228頁以下）を簡略化ないし修正等したものである。

II 税務コーポレートガバナンスの取組みの背景

　税務コーポレートガバナンスの取組みの背景として、近年、国内外において、コーポレートガバナンスの充実が重要との認識が高まり、法整備を含め、その充実のための環境整備が進展していることが挙げられる[7]。簡述すると、国内外の租税の周辺領域で（トップマネジメントによる）コーポレートガバナンスや内部統制を重視する潮流が見られた。また、アグレッシブな租税回避や税務コンプライアンス違反が企業や株主の長期的利益に寄与せず、財務リスクのみならず企業の評判に関わるレピュテーションリスクの原因となるという共通認識を形成する向きもあり、租税法を含む各種の法律に企業が従うことを確保するための体制の監督及びリスク管理が取締役会の重要な責務であることや、税務コンプライアンスの確保のため税務に関するコーポレートガバナンスが重要であることが意識されるようになった。かくして、企業と課税当局との協力関係の構築を進める気運が高まっていった。かような背景事情への目配りが税務コーポレートガバナンスの取組みに対する理解を助けることになるため、**図表－3**として簡単にまとめておく。

※7　本件概要資料2頁参照。

※8　このほか、関連するOECD 税務長官会議（FTA：Forum on Tax Administration）の各声明も確認しておくことが有益である。

※9　2014年に閣議決定された「『日本復興戦略』改訂 2014」30頁では、「OECD コーポレートガバナンス原則」等を踏まえ、我が国企業の実情等にも沿った「コーポレートガバナンス・コード」を策定することが明記された。CG を取り巻く議論については、酒井克彦「コーポレートガバナンスを取り巻く議論 ― 株主との対話と法定申告期限 ―」税理60巻8号162頁以下（2017）も参照。

●図表－3　税務コーポレートガバナンスの取組みの背景[8]

2002年 （平成14年）	米国で証券関係の法律に基づく企業の情報開示の正確性と信頼性を向上させることにより投資家を保護するための企業改革法（SOX法：Sarbanes-Oxley Act）が成立。同法404条では、経営者による財務報告に係る内部統制の仕組みと財務報告手続の有効性評価、会計事務所によるその証明を義務付け。
2004年 （平成16年）	OECDが、日本の「コーポレートガバナンス・コード」にも影響を与えた[9]「OECDコーポレートガバナンス原則」を公表[10]。租税法、競争法、労働法など企業に適用される法律に企業が従うことを確保するための体制を監督することが取締役会の重要な責務であることを明記。
2005年 （平成17年）	会社法の成立。取締役会設置会社について、取締役の職務の執行が法令及び定款に適合することやリスクの管理など会社の業務の適正を確保するための体制に係る整備（内部統制の構築）を取締役会の専決事項とするとともに、全ての大会社及び委員会設置会社（現行の指名委員会等設置会社）に対して、その基本方針の決定義務があることなどを明記（会社348③④、362④⑤、416①②、会社規100①二、112②二等）。
2006年 （平成18年）	日本版SOX法といわれる金融商品取引法の成立（同法24の4の4、193の2）。
2011年 （平成23年）	OECDによる「OECD多国籍企業行動指針2011年版」の策定[11]。「XI　納税」に「企業は、税ガバナンス及び税コンプライアンスを、自らの監督及びより広いリスク管理体系の重要要素として扱うべきである。特に、企業の取締役会は、租税に関連する財務リスク、規制リスク及びレピュテーションリスクが、十分に特定及び評価されるよう、リスク管理戦略を採用すべきである」と記載。

※10　OECD, OECD Principles of Corporate Governance 58（2004）.租税との関係では2015年の改訂版が興味深い。岩﨑政明＝川島いづみ「コーポレートガバナンスとタックスコンプライアンス」日税研論集67号230～231頁〔川島いづみ〕（2016）参照。

※11　OECD, OECD Guidelines for Multinational Enterprises（2011）. 以下、訳は外務省の仮訳による（https://www.mofa.go.jp/mofaj/gaiko/csr/pdfs/takoku_ho.pdf）。

III 本件事務運営指針に見る税務コーポレートガバナンスの取組み

1 4部構成

　税務コーポレートガバナンスの取組み（調査の機会を利用した働き掛けに係るもの）は、大きく分けて、①税務コーポレートガバナンスの確認、②税務コーポレートガバナンスの判定、③トップマネジメントとの面談、④判定結果の活用という4部構成になっている（**図表－4**参照）。以下では、④について説明を加える。

●図表－4　税務コーポレートガバナンスの取組み

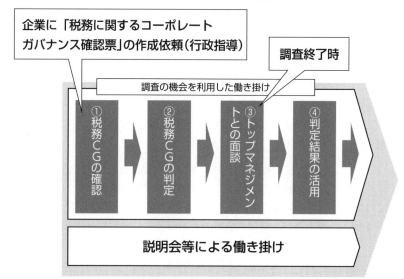

税務CG：税務に関するコーポレートガバナンス

（出典）本件概要資料3頁の図を筆者が一部加工

❷ 税務コーポレートガバナンスの判定結果の活用等

　税務コーポレートガバナンスの判定結果は、当該調査法人の調査必要度の重要な判断材料の１つとして活用される。

■ 税務コーポレートガバナンスの状況が良好な法人への対応

　税務コーポレートガバナンスの状況が良好であり、調査結果に大口・悪質な是正事項がないことなどを総合的に勘案して対象法人を抽出し、調査必要度が低いと判断される法人については、調査省略対象とする事業年度の申告書審理を行う際に以下の**4**①〜③に該当する取引等を自主的に開示（以下「自主開示」という。）するとともに、**4**④の国税当局からの資料提出要請に可能な限り協力すること（以下、自主開示と併せて「自主開示等」という。）が確認できると、次回の調査時期が延長される（図表－５参照）。

●図表－５　調査時期延期のイメージ

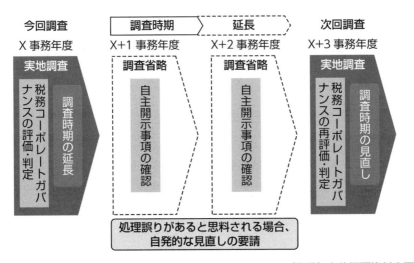

（出典）本件概要資料９頁

❷　法人に対する同意確認

　上記抽出した法人に対し、トップマネジメントとの面談時に、次回の調査時期を延長するに当たり、調査省略対象とする事業年度の申告書審理を行う過程において、自主開示等を行うことに同意するかの確認がなされる。自主開示等は、次回の調査時期を延長した結果、一回の調査の事務負担が法人及び国税当局双方にとって過重にならないために行うものとされる。国税当局の確認の結果、処理に誤りがあると思料される場合は、（加算税の賦課対象とならない）行政指導として自発的な見直しの要請がなされる。

❸　調査時期の延長と留意点

　自主開示等に同意した法人（以下「延長対象法人」という。）は、次回の調査時期について、前回調査と今回調査の間隔より1年以上延長されるが[12]、後発的な事情などにより緊急を要する場合はこの限りではない。次回の調査時期は、更正期限も考慮して決定される。なお、「1年」ではなく「1年以上」延長されることになっているので、「1年」後に必ず税務調査が行われるというものではない[13]。

❹　調査省略年度における自主開示事項の確認・資料提出要請

　国税局の担当者は、延長対象法人に対して、調査省略対象とする事業年度の申告審理を行う際に、自主開示等を依頼する。自主開示等の対象となるものは以下のとおりである。

※12　平成30年9月時点のものであるが、調査時期の延長に関して、「原則、調査間隔の延長期間は1年だが、次回の調査時に税務CG〔筆者注：コーポレートガバナンス〕が"更に良好"と認められた場合は、その次の調査間隔の延長期間が2年に伸びる。また、税務CGが良好で調査に係る期間を短縮しても差支えない法人については、その調査間隔の1年延長を継続することに代えて次回の調査期間を最大半分程度に短縮できる取組が昨事務年度から始まっている（例えば、通常の調査期間が8か月程度の企業が短縮を受けると、次回の調査期間が4か月程度になる）」と報じる記事として、「税務CG　特官所掌法人の2割がメリットを享受」週刊税務通信3523号2頁（2018）参照。
※13　古川勇人ほか「税務に関するコーポレートガバナンスの充実について ―取組概要、最近の取組状況・改訂事項等―」租税研究841号9頁（2019）参照。

① 申告済の事業年度における次に掲げる取引等の処理で、取引金額が多額のもの。ただし、国税当局に事前相談を行い、事実関係に変更がないもの及び申告調整済の事項は除く。

　（i）　組織再編（合併、分割、事業譲渡等）の処理。ただし、完全支配関係にある法人間で行われたものを除く。

　（ii）　売却損、譲渡損、除却損、評価損等の損失計上取引の処理。ただし、直接又は間接に持株割合が50％未満の関係にある者との間で行われた資産の売却損、譲渡損等は除く。

② 前回調査における是正事項に係る再発防止や申告調整等の状況。

③ 次回調査前に国税当局の見解を確認したい申告済の事業年度における取引等の処理で、取引金額が多額のもの。

④ 国税当局から提出を要請する資料。

5　自主開示事項の確認と自発的な見直し依頼等

　自主開示された事項（上記**4**②及び延長対象法人が確認結果の回答を求めないものを除く。以下「自主開示事項」という。）に係る処理の適否判断に必要な資料が提出されない場合や、深度ある調査、取引先等への反面調査など事実認定を要する場合は、当該事項は次回調査で確認されることになり、その結果として追徴税額（過少申告等により、後から追加で納付すべきこととなる税額）が生じることとなった場合には、加算税の賦課対象となる。

　国税局の担当者は、自主開示事項の確認の結果、処理に誤りがあると思料される場合は、延長対象法人に対し、当該確認は行政指導であることを説明するとともに、自発的な見直しを要請した上で、修正申告書又は更正の請求書の自発的な提出を要請する。自発的な見直しの要請に応じず、修正申告書等の提出がない場合は、次回調査において再度確認した上で是正されることになる。

Ⅳ　本件事務運営指針の検討

❶ 税務コンプライアンスリスクの分析・評価とリソースの配分という目標

　税務コーポレートガバナンスの取組みの趣旨は、要するに、トップマネジメントの積極的な関与・指導の下、企業自身による税務コーポレートガバナンスの充実化の促進であり、ひいては大企業の税務コンプライアンスの維持・向上を図ることにある。また、本件事務運営指針では、税務コーポレートガバナンスの判定に係る基本方針について、「調査によらずとも適正申告を期待することができるか否か」を念頭に置いて、税務コーポレートガバナンスの取組みの実施状況により各確認項目を判定するとしている。

　これらのことに加えて、冒頭で触れた国税庁による税務コーポレートガバナンスのメリットの説明を踏まえると、税務コーポレートガバナンスの取組みは、少なくとも課税強化のベクトルを示すものではない。大雑把にいえば、実地調査の必要性を判定するものである。さらにいえば、①課税当局による対象企業の税務コンプライアンスリスクに対する分析・評価と、②課税当局における税務コンプライアンスの確認のためのリソース ―とりわけ実地調査に係るもの― を対象企業に振り向けるべきか否か、あるいは対象企業に対して税務コンプライアンスの確認のためのツールとして何が適当か（自主監査、国税局内・税務署内で検討する内部調査、文書や電話等による簡易な接触、実地調査など）の判定を行うものである。

　①については、各企業に対して、これまでも行われていた継続的な納税者管理を更に進めて、トップマネジメントやガバナンス体制も考慮したリスク分析・評価を行うものであり、そこでの成果を②につなげて、調査事務量の配分をリスクの低い企業から高い企業へと移すなど所管する企業全体のリスク評価・最小化を踏まえた適切な監理を目指すもので

あるといえる。

② トップマネジメントの関与・指導の重視という特徴

　税務コーポレートガバナンスの取組みの1つの特徴として、トップマネジメントの関与・指導を重視していることを挙げることができる。広い視野と強力な影響力を兼ね備えるトップマネジメント自らが税務コーポレートガバナンスを主導する、このことによって、実効性が高まるとともに、税務に限定されない経営全体に関わる重要問題としての認識が浸透することを見越してのことであろう。

　この点に関して、税務コーポレートガバナンスの取組みについて、国税庁が「コンプライアンス」という言葉を使わずにあえて「コーポレートガバナンス」という言葉を使用しているのは、税務の問題を一部門の問題としてではなくて、企業のガバナンスの問題として捉えてもらいたい趣旨であると説明されている。税務の問題となると、ともすると財務や税務といった専門部門での部分均衡になりがちで、企業全体の全体均衡を図るという見地からの判断をするときに別の答えになってしまうということもあるため、企業の経営責任者の目線で税務リスクを評価する体制を作り、そこから、今まで認識されなかったリスク（税務に限定されるものではなく企業経営全体に関わるリスク）を認識することにつながるということを期待したものであるとされている[14]。

　「OECD 多国籍企業行動指針2011年版」の「XI　納税」の注釈においても次のような記述があり、歩調を同じくするものであると考える[15]。

　「協力、透明性及び税コンプライアンスのための企業のコミットメントは、リスク管理体系、構造及び政策に反映されるべきである。企業が

※14　鈴木孝直「税務に関するコーポレートガバナンスの充実に向けた取組について」租税研究805号40頁以下（2016）参照。
※15　See also OECD, Co-operative Tax Compliance:Building Better Tax Control Frameworks 15-18, 22（2016）.

会社等の形態である場合は、取締役会が多くの点での税リスクを監督する立場にある。例えば、取締役会は、適切な税ポリシー原則を事前に設けるべきであるとともに、税リスクについてのマネジメントの行動が、取締役会の見解と一致するよう、内部の税コントロールシステムを確立すべきである。取締役会は、全ての潜在的かつ重要な税リスクについて了知すべきであり、マネジメントは、内部の税コントロール機能の実施と、取締役会への報告について責任を割り当てられるべきである。租税を含む包括的なリスクマネジメント戦略により、企業は社会的責任をまっとうできるばかりでなく、効果的に税リスクを管理することができ、企業の主要な財務リスク、規制リスク及びリピュテーションリスクの回避にも資する。」

③ 調査時期の延長を"アメ"又は"特典"として強調することの妥当性等

　国税庁の発表によると、経営責任者等との意見交換や評価ポイントの公表等により税務コーポレートガバナンスの充実を促してきた結果、自主的に税務方針を公表する企業が現れるなど、税務コーポレートガバナンスの取組みに関する意識が定着し、延長等対象法人は増加傾向にあるという（図表−6参照）[16]。

　調査時期の延長という"アメ"の配付を増やすことでより多くの企業の参加を促し、かつ、取組みの成功をアピールするために、国税組織内部において延長等対象法人数という表面上の数字を増加させるバイアスが働いていないかという観点から注意を向けておく必要はある。「調査」事績に影響しない事前相談等の場面において、国税職員には比較的緩慢ないし寛容な対応をとるインセンティブが作用し得ることへの懸念も惹起される。

※16　https://www.nta.go.jp/taxes/tetsuzuki/shinsei/shinkoku/hojin/sanko/pdf/0018011-080.pdf.

また、税務コーポレートガバナンスの状況が良好な企業に対する調査時期の延長という対応について、理論上又は経験則上の観点から現行法の枠内で説明することも可能である。例えば、税務コーポレートガバナンスの状況が良好な企業は、そうでない企業と比べて調査の必要度が低くなることは容易に理解できよう。よって、"アメ"又は"特典"であることを過度に強調することは妥当ではない。企業による"アメ"又は"特典"の獲得が目的化するようなことも避けられねばならない。企業の主体性を重んじるべきである。

●図表－6　延長等対象法人数の推移

事務年度	24	25	26	27	28	29	30
延長等対象法人数	11	19	28	36	51	90	97

（出典）国税庁「納税者の税務コンプライアンス維持・向上に向けた取組」

4 調査省略年度における自主開示事項の確認・資料提出要請に関する留意事項

　調査省略年度における自主開示事項の確認・資料提出要請という取扱いについて、否認されるリスクのある問題点を申告後の段階で企業に自主開示させることが難しいケースも想定される。企業からの法人税法132条《同族会社等の行為計算の否認》や132条の2《組織再編成に係る行為又は計算の否認》等の（適用領域が限定された）一般的租税回避否認規定の適用の有無に関する照会も受けるなど事前照会の敷居を低くし、企業の課税リスクを軽減する手当ても必要であろう。また、自主開示された資料情報等を国税庁が目的外使用することに対する企業の不安を緩和するために、原則として、かかる資料情報等の用途は当該企業の申告審理に限定されることを明らかにするという対応も検討すべきである。

国税庁に対して企業のあらゆる情報が開示されたとしても、ICT化やAIの導入状況を見る限り、現状では国税庁がこれを余すことなく有効活用することは不可能であるし、オーバーヒートを起こしかねない。よって、（税務コーポレートガバナンスに関する取組みに限ったことではないが）第一次的には事情をよく知る当該企業自身が開示すべき資料情報等の種類や量・質を選別するという方向性自体は望ましいものといえる。また、税務コーポレートガバナンスの状況が良好であるか、コンプライアンスリスクが低いかどうかを判定するに当たっては、いかに企業側の透明性が確保されているかが重要である。実地調査の際に、自主開示事項が種類、量・質、時期等の観点から適切に開示されているかという点も検討される可能性もある。

　税務コーポレートガバナンスに関する取組みは、税務コンプライアンスを確保するためのツールという括りの中では、協力的ないし協働的手法という側面も有するため、納税者と課税当局の間の信頼関係の形成が重要である。ただしそれは、根拠なき信頼ではなく、国税庁における上記のような手当てや対応の整備等に加えて、企業における健全な内部統制や資料情報の開示という十分な根拠を基礎とした信頼であるべきと考える[17]。

※17　See Katarzyna Bron ewska、Cooperative Compliance：A New Approach to Managing Taxpayer Relations250, 261, 293-298（2016）.

Ⅴ　まとめ

　「税務コーポレートガバナンスの取組み」それ自体は、申告納税制度の下で、企業の自発的な適正申告を促すことにより、実地調査によらずに申告水準の維持・向上を図るとともに、企業の内部統制等の状況を調査優先度の判定に活用することで、調査必要度の高い企業に事務量を投下するために国税庁が主導するもの（取組み）であるといってよい。税務コンプライアンスを確保するためのツールという括りの中では、協力的ないし協働的手法という側面も有する※18。

　税務コンプライアンスや税務コーポレートガバナンスの充実に向けた比較的新しい取組みは、本件事務運営指針で示されたものに限られない。既に、国税庁は、調査課所管法人向けに、申告書の自主点検及び税務上の自主監査の促進を図るため、申告書の提出前に活用する確認表を公表し、その普及・定着を図っている※19。また、BEPS（税源浸食と利益移転）プロジェクトの進展や、移転価格文書化制度の整備などの移転価格を取り巻く環境変化の下、移転価格税制に関する納税者の自発的な税務コンプライアンスを高めることを目指し、事務運営（取組方針、具体的な施策）を見直すとともに、納税者の予測可能性や行政の透明性を向上させるため、平成29年には、「移転価格ガイドブック～自発的な

※18　なお、国民主権に基づく民主主義思想の下、主体的な納税者意識を重視し、タックス・コンプライアンス維持・向上の風土は納税者たる国民が主体的に醸成していくべきことを指摘するものとして、酒井克彦「タックス・コンプライアンスの維持・向上に向けた取組」税理60巻10号188頁（2017）参照。

※19　なお、中小企業向けの確認表について、公益財団法人全国法人会総連合は、企業の税務コンプライアンス向上のための取組として、企業における内部統制面や経理面に関する自主点検を推奨し、自主点検チェックシートとそのガイドブックを公開している。経営者がチェックシートを活用し、企業自らが自主点検することを通じて、税務コンプライアンスを向上させ、自社の成長を目指し、ひいては税務リスクの軽減にもつながることを期待するとされている（http://tax-compliance.brain-server2.net/compliance/units/）。

税務コンプライアンスの維持・向上に向けて〜」を公表している[20]。

　かような取組み自体は常にブラッシュアップされるであろうが、どちらかというと、企業あるいはこれを代表するトップマネジメントに照準を合わせるものである。日々のコンプライアンス違反は、各個人のレベルにおいてまず発生するのであるから、個人の遵法精神を醸成することの重要性も軽視できない。企業に影響を与えるステークホルダーという観点で捉えるならば、株主（投資家）、国民（消費者）、租税専門家への働きかけも有効であろう。このように考えると、近時、これまでとは異なる角度から再度光を当てられている租税教育[21]というツールを用いることも検討されてよい。

〔泉　絢也〕

※20　https://www.nta.go.jp/taxes/shiraberu/kokusai/itenkakakuzeisei/index.htm.
※21　令和元年9月付け政府税制調査会「経済社会の構造変化を踏まえた令和時代の税制のあり方」23〜24頁参照。酒井克彦教授による意欲的な研究が次々と示されている。例えば、酒井克彦「租税教育の課題と展望 ―『租税リテラシー』の醸成を求めて―」税理61巻2号136頁以下（2018）など参照。

3 | 役員報酬とコンプライアンス

I 役員給与に係る税務コンプライアンス維持の ためのチェックポイント

　国税庁は、「大規模法人における税務上の要注意項目確認表」を公表しているが[※1]、このうち役員給与に関しては、次のような確認内容を示し、税務上の観点からの自主監査を法人に求めている。

---

① 役員給与の損金算入額は、定款の定めや株主総会等の決議に基づき、適正に計算していますか。
② 役員の個人的費用を負担するなど、役員に対して給与を支給したものと同様の経済的な利益の提供はありませんか。

---

　①は、役員報酬の株主総会等の決議及び計算という形式面をチェックすることにより、役員報酬が事前に決められており、かつ、過大役員報酬がないことを確認するための項目である。また、②は、役員報酬又は役員賞与となるべき経済的利益の供与が他の科目に含まれていないかどうかをチェックするための項目である[※2]。
　これらのチェック項目からすると、役員報酬を巡る税務コンプライアンスの維持には次の3つの要件を満たすことが必要であることが分かる。

※1　https://www.nta.go.jp/taxes/tetsuzuki/shinsei/shinkoku/hojin/sanko/tk.htm
　　（令和2年3月20日訪問）。
※2　国税庁がこのようなチェック項目を示すことについて、酒井克彦教授は、納税者が行う自己点検を国税庁が支援するというものであり、あくまでも税務コンプライアンス維持・向上の風土は納税者たる国民が主体的に醸成していくべきであることを確認すべきであると述べられている（酒井「タックス・コンプライアンスの維持・向上に向けた取組み」税理60巻10号188頁（2017）参照）。

> 1　金額及び支給時期等が株主総会等の決議により事前に決定されていること。
>
> 2　法人の費用の中に役員の個人的な費用が含まれていないこと。
>
> 3　金額が法人税法上の観点から適正な水準であること。

　以下、それぞれの要件について、法人の大宗を占める中小企業を念頭に置き、留意すべきポイントを概説する（インセンティブプランについては、第1章4参照）。なお、現行法では、役員報酬、役員賞与及び役員退職給与とを併せて「役員給与」としていることから、本節においても、特に断りがない限り、役員報酬及び役員賞与を「役員給与」と表記することとする。

II　金額及び支給時期等が株主総会等の決議により事前に決定されていること

　法人税法では、一定の要件に該当する役員給与以外の役員給与を損金不算入としているが、その根底に流れている思想は「恣意性の排除」である。例えば、業績が好調なときに役員給与を引き上げれば利益を抑えることができる。このことは、役員給与を適宜「お手盛り」することで課税所得を恣意的に抑えることが可能となることを意味する。

　このような恣意性を排除するために、法人税法34条《役員給与の損金不算入》は、役員給与のうち「職務執行の対価として相当な部分」についてのみ損金算入を認め、それ以外の役員給与はすべて損金不算入としている。そして、職務執行の対価として相当な部分かどうかの判断には、次の2つのアプローチが採られる。

> ○　役員給与の額が株主総会等の決議により事前に決定されているか。

　ここでは前者のアプローチについて検討する。

　損金の額に算入される役員給与には、①定期同額給与、②事前確定届出給与、③利益連動給与があるが、いずれも「事前に」支給時期・支給額又は金額の計算方法が定められていることが必要である。

1　定期同額給与

　定期同額給与とは、文字どおり支給時期が定期すなわち1月以下の一定期間毎で支給金額が同額である給与をいう（法法34①一）。これは、平成18年度税制改正前の役員報酬に該当するものである。

　法人税法34条1項1号では、**図表－7**のとおり、期首から3か月以内に行われる改定で改定前（期首から改定までの期間）と改定後（改定後から期末までの期間）の各支給時期における支給額が同額であれば、定期同額給与に該当することとされている（法令69①）。ところが、現実には様々な事情により、職務執行開始後、すなわち「事後」に役員給与の額を改定せざるを得ない場合がある。そこで、法人税法では、事後に改定する役員給与についても定期同額給与として認められるケースとして次の3つを規定している（法令69①一）。

> イ　特別の事情によって認められる期首から3か月経過後の改定
> ロ　臨時改定事由による改定
> ハ　業績悪化改定事由による減額改定

　税務コンプライアンス上、最も判断に迷うのはハであろう。法人の経営の状況が著しく悪化したことを理由として役員給与を減額するケースなので、法人の一時的な資金繰りの都合や単に業績目標に達しなかった

ことなどはこれに含まれない（法基通9-2-13）。平成20年12月付け国税庁「役員給与に関するQ&A」（以下「国税庁Q&A」という。）Q1では、第三者である利害関係者による圧力があれば倒産の危機に瀕しているとはいえない状態にあっても「事後」の減額が認められる旨を明らかにしている。しかし、これらの取扱いは、株主に対して経営上の責任を客観的に表明し得る大企業はいいとしても、中小企業にとっては、取引銀行との返済のリスケジュールの協議を行うレベルでないと減額できないなど、必ずしも使い勝手がいいわけではない[※3]。

●図表-7

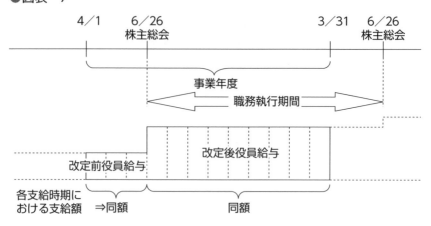

2 事前確定届出

　事前確定届出給与とは、役員の職務について所定の時期に確定額を支給する旨の定めに基づいて支給する給与であらかじめ所轄の税務署長に

※3　役員給与に関する実務上の重要な取扱いの多くは、国税庁の質疑応答で示されているが、課税要件を法律において明確にせず、国税庁の質疑応答で課税執行が行われることに対する批判として、山本守之「課税要件法定主義と役員給与」山田二郎先生喜寿記念（『納税者保護と法の支配』）182〜191頁（信山社2007）等がある。

その定めの内容に関する届出をしている給与をいう（法法34①二）。これは、平成18年度の税制改正前の、役員賞与に該当するものである。

　この届出は、同族会社に該当しない法人が定期給与を支給しない役員に対して支給する給与（例えば、非常勤役員に対して年に数回支給する給与など）については不要である。

　また、平成28年度の税制改正では、届出が不要となる役員給与に、株主総会等の決議により所定の時期に確定額を支給する旨の定めに基づいて交付されるリストリクテッド・ストック等による給与が追加された（法法34①二）。

　さらに、平成29年度の税制改正では、事前確定届出給与の範囲に、所定の時期に確定した数の株式又は新株予約権を交付する旨の定めに基づいて支給する給与が追加された（法法34①二）。

　これらの税制改正は、次に説明する業績連動給与におけるインセンティブ報酬導入促進を背景とした一連の税制改正と連動するものである。

　事前確定届給与について税務署長への届出を必要とするのは、年に数回しか支給しない給与について、職務執行開始時に支給日及び支給額を定めたかどうかが分かりにくく当局がチェックしづらいからであると考えられる。留意すべき点は、事前確定届出給与は、「支給金額及び支給時期が事前に確定していること」「所定の時期に届出書が提出されていること」「届けどおりに支給されていること」という3つの要件を満たしてはじめて損金の額に算入されるので、どれか1つでも欠けていれば損金不算入となるということである。税務コンプライアンス上はこの点を十分に理解しておく必要がある[4]。

---

[4]　届出どおりに支給していなかったので否認された事例として、第一審東京地裁平成24年10月9日判決（税資262号順号12060）、控訴審東京高裁平成25年3月14日（税資263号順号12165）がある。また、業績の達成度に応じて役員に対する期末報酬を変動させる株主総会の決議が、支給を事前に確定させているとは認められないとされた事例として、国税不服審判所平成23年5月24日裁決（裁決事例集79号）等がある。

3 業績連動給与

　業績連動給与とは、同族会社に該当しない法人及びその法人と完全支配関係がある同族会社が支給する業務執行役員に対する給与で、その額が業績に連動し、かつ、その算定方法が、職務執行期間開始の日以後に終了する事業年度の業績の状況を示す資料（以下「業績連動指標」という。）を基礎として客観的なものであるなどの要件を満たすものをいう（法法34①三）。

　業績連動給与を巡っては、多様な中長期的インセンティブ報酬の導入と促進の観点から、平成28年度税制改正ではリストリクテッド・ストックに係る税制上の取扱いが整備された[5]。また、平成29年度税制改正では、株式交付信託、ファントム・ストックやパフォーマンス・シェアなどについても損金算入することができることとされ、さらに、業績連動型新株予約権や業績連動型退職給与も損金算入の対象とされるなど、多様なインセンティブ報酬に対応可能な税制上の措置が実現した[6]。

　これらのインセンティブ報酬に係る諸制度は、企業業績の推移が敏感に株価に反映することが前提となることから、その主な対象は結局のところ、金融商品取引法の規制を受ける上場会社等（及びその子会社等）であり、株式を公開しない多くの中小企業にとっては関心の埒外にあるといってよい。

　業績連動給与を巡るこれらの税制改正は、コーポレートガバナンスの在り方についての議論を踏まえた会社法の整備が前提とされている。そもそも、コーポレートガバナンスを巡る一連の議論は専ら大企業が前提とされていることがほとんどであり、所有と経営（場合によって従業員

※5　リストリクテッド・ストックに係る税務上の取扱いに関する詳細な分析については、酒井克彦「リスリクテッド・ストックに係る租税法上の取扱い ― インセンティブ報酬の多様性と税制の対応（上）― 」税理60巻11号190頁（2017）参照。

※6　経済産業省産業組織課「『攻めの経営』を促す役員報酬〜企業の持続的成長のためのインセンティブプラン導入の手引〜（令和元年5月時点版）」34 〜 37頁。

も）が相互に独立しているとはいい難い中小・零細企業は、依然として法人税法及び所得税法等の取扱いを前提とした税務が、会計を含めたガバナンスの中心的な役割を担っているのが現状であるといえるであろう。

III　法人の費用の中に役員の個人的な費用が含まれていないこと

　税務調査においては、法人が計上した費用の中に、役員の個人的な費用が含まれていたため、役員に対する利益供与と認定される例が散見される。ここでは役員に対する利益供与の認定においてグレーゾーンが大きいと思われる2つの事例を取り上げる。

■１　代表取締役の子に対する報酬が一部否認された事例[7]

> 〈事案の概要〉
> 　不動産の売買、賃貸、遊技場の経営等を目的とする同族会社Ｘ（原告・控訴人・上告人）は、代表取締役Ａの三男Ｂ、四男Ｃ、長女Ｄ（いずれもＸの取締役、ただしＤは昭和63年3月以降監査役）に対し、月額20万円の役員給与（以下「本件役員給与」という。）を支給していた。係争年度においてＢは米国の高校、大学に在学、Ｃは米国の高校に在学していたが、両人とも正月休みと夏休みを中心に帰国したのみである。また、Ｄは都内の区立中学に入学し、その後米国の学校に進学し、帰国の状況はＢ及びＣと同様であった。
> 　税務署長Ｙ（被告・被控訴人・被上告人）は、本件役員給与は、

----

[7]　第一審東京地裁平成8年11月29日判決（税資221号順号7824）、控訴審東京高裁平成10年4月28日判決（税資231号順号8155）、上告審最高裁平成11年1月29日第三小法廷決定（税資240号順号8327）。なお、控訴審では第一審の判断が維持され、上告審において棄却とされた。

代表取締役に支払われたものであり、過大役員給与として更正処分
　　を行った。なお、Ｙは本件訴訟において処分理由を同族会社の行為
　　計算否認に差し替えている。

　この事件の争点は、本件役員給与が代表取締役に支払われたものであ
るか、また、本件役員給与を損金の額に算入することは同族会社等の行
為計算否認の対象となるかという点であるが、前者の争点について地裁
判決では、おおむね次のような内容の判示をし、Ｙの認定を覆してい
る。

　　本件役員給与が経済的実質からみて代表取締役に支払われたと認
　めるためには、単にＴらに対する役員給与の支払が経済的にみて
　不自然、かつ不合理であると認められるだけでは足りず、少なくと
　も、代表取締役がＢら名義の普通預金口座を支配・管理し、右管
　理・支配を通じて本件役員給与の右口座への振込によって経済的利
　益を享受しているものと認められることが必要というべきである。
　ＡがＢらの法定代理人として、米国留学中のＢやＣらに代わってそ
　の財産を管理し、適宜その利殖を図っていた事実はうかがえるもの
　の、それを超えて、ＡがＢら名義の普通預金口座を支配・管理し、
　その入金額について自己の財産として運用していた等の事実は認め
　られず、Ａが本件役員給与を自己の経済的利益として享受していた
　事実も認めることができない。

　税務調査においては、同族関係者に係る人件費に対する適否の検討は
主要な調査項目の１つであるが、子への支給を代表取締役の給与と認定
する場合には、子名義の送金口座を代表取締役が支配・管理している事
実を課税庁が立証する必要がある。また、子が成人している場合などに
おいては当該子が経営に参画していることも考えられ、その場合には、

非常勤役員としての実質基準による過大給与の認定が行われることもある。もっとも、この判決では、同族会社等の行為計算否認の観点から業務に参画することがないAらに役員給与を支払うことは、純経済人の行為として不合理、不自然でありXの法人税負担を不当に減少させるものというほかはないとして、法人税に関する課税庁の処分を適法とした。親族に係る役員給与の損金算入に対して同族会社等の行為計算否認規定の適用があり得ることについては十分留意しておく必要があろう。そもそも、役員給与が役員としての職務執行の対価であることを十分に理解して支給することが、このようなケースに対する税務コンプライアンスの維持には重要であると思われる。

❷ 神社改築寄附金が役員給与とされた事例[8]

〈事案の概要〉

製薬業を営むX（原告、控訴人）は、B神社と地域的、歴史的に密接に結びついて発展してきたこと等から、B神社改築奉賛会等に対し、合計1億5,000万円の寄附金を支出した。これに対して、税務署長Y（被告、被控訴人）は、当該寄附金は原告の代表取締役Aに対する役員給与（賞与）というべきであるとして更正処分を行った。

この事件の争点は、Xが支出したB神社に対する寄附金が役員給与（賞与）に該当するか否かであるが、判決ではおおむね次のような内容の判示をし、Yの行った更正処分を維持した。

---

[8]　第一審高松地裁平成5年7月16日判決（税資198号順号7166）、控訴審高松高裁平成8年2月26日判決（税資215号順号7673）、なお、控訴審においても第一審の判断が維持された。

本件寄附の要請はXではなく、A個人に対してされていること、Aはかねてから地元の氏神を崇拝する念が強く、本件寄附を行うだけの十分な動機を有していたこと、本件寄附はAが地元の神社を改築するという話を聞き、あらかじめXの取締役会に諮ることなく、自らの意思でこれを決定したこと、本件寄附を受けた奉賛会は本件寄附がA個人の寄附であるとしてその受入手続きを行っていること、神社改築後奉賛会はA及びその父Cを顕彰しており、これについて甲は格別異議を述べていないことがそれぞれ明らかである。これらの事情に加えて、本件の場合、Xに、地元神社に総額1億5千万円もの寄附をしなければならないような特別な事情が見出しえないことや、本件税務調査後、芳名碑の「A」なる記載が「㈱〇〇社主A」と訂正され、本件寄附の主体がAであることを糊塗するかのような工作が行われていることを考慮すれば、本件寄附の主体はXではなく、A個人であると認めるのが相当である。

　法人税基本通達では、法人が損金として支出した寄附金で、その法人の役員等が個人として負担すべきものと認められるものは、その負担すべき者に対する給与とする旨を明らかにしているが（法基通9－4－2の2）、「個人が負担すべきもの」にはグレーゾーンがある。仮に、潤沢な利益を計上している法人が最初から取締役会にかけ、B神社の重要性を経営側も十分に認識した上で、所定の手続を経て支出された場合にもAに対する役員給与とされるのであろうか。

　企業の社会貢献の重要性が叫ばれている今日では、事業と直接関わりのない寄附金が増加する可能性があるが、税務コンプライアンス上は、その支出が法人の取組み（政策）の一環であることを説明できるよう書類を整えておくことが、このような否認を回避するためにも重要であると思われる。

IV　役員給与の金額が法人税法上の観点から適正な水準であること

　ここでは、近年話題となった過大役員給与の事例を取り上げたい※9。

〈事案の概要〉

　泡盛等の製造販売を行う同族会社X（原告・控訴人・上告人）は、平成21年6月に辞任した代表取締役A及びAの長男である取締役B（平成21年6月にAに代わって代表取締役就任）、Aの妻である取締役C及びAの二男である取締役D（以下、これらの者を「本件役員ら」という。）に対し役員報酬を支給し、また、Aに対して退職慰労金（以下「本件役員給与」という。）を支給したところ、国Y（被告・被控訴人・被上告人）は、当該役員報酬及び退職慰労金について不相当に高額な部分の金額があり、当該金額は損金の額に算入されないとして更正処分を行った。

　この事件の争点は、本件役員らの給与及びAに対する退職給与に不相当に高額であるとして損金の額に算入されない部分の金額があるか否か、そしてある場合の金額はいくらかというものである。最終的には過大役員退職給与に係る課税処分が取り消され、過大役員給与に係る課税処分は維持されたが、過大役員退職給与についてはここでは記載を省略する。

　法人税法では、内国法人がその役員に対して支給する給与の額のうち不相当に高額な部分の金額は損金不算入となる旨規定し（法法34②）、その金額は、株主総会等による決議による金額を超える金額（形式基準による過大額）及び同業種類似法人の支給の状況から過大と認められる

※9　第一審東京地裁平成28年4月22日判決（税資266号順号12849）、控訴審東京高裁平成29年2月23日（税資267号順号12981）、上告審最高裁平成30年1月25日判決（判例集未登載）。

金額(実質基準による過大額)のうちいずれか多い金額とされている(法令70①一)。通常は、株主総会等の決議といった形式は整えているので、多くの場合問題とされるのは実質基準である。課税庁が税務調査において実質基準を当てはめる場合、調査法人の周辺地域にある税務署に文書照会によりデータを集め、売上金額等の0.5倍以上2倍以下の範囲から類似法人を抽出するのが一般的である（いわゆる倍半基準）。こうして抽出されたデータから更に取引内容の類似性が低いものを除く等必要なスクリーニングをかけ選定された法人の役員（調査法人の役員と同様の役員）の支給金額の平均値等を用いて課税することとなる。このような課税方法について第一審判決ではおおむね次のような内容の判示をし、この事例でYが用いた手法の合理性を明らかにしている。

旧法人税法施行令69条及び旧法人税法施行令70条1号は、「事業規模が類似する」法人の役員に対する報酬ないし給与の支給の状況を、不相当に高額な部分の金額の判断の基準の一つとしているところ、売上金額は、法人の事業規模を示す最も重要な指標の一つであるということができ、事業規模の類似性を判断するに当たり、対象法人の売上金額の0.5倍以上2倍以内の範囲から類似法人を抽出することは、合理的であるといえる。また、同号が、比較対象とすべき法人として「同種の事業を営む法人」を掲げているのは、同種の事業を営む法人であれば、その法人の業務内容が類似するため、収益率等も類似すると考えられ、そのような法人における役員報酬ないし役員給与の支払状況を比較することで、できるだけ客観的な適正報酬を算出しようとするためであると考えられるから、「同種の事業」とは、できるだけ対象となる法人と類似するものが望ましく、製造業にあっては、その製造される製品が類似することが望ましいといえる。

また、製造業における製造コストや設備費、人件費等は、地域に

> よって異なるのが一般的であり、同一国税局管内や近接した国税局
> 管内という比較的近接した地域においては、製造コスト等に類似性
> が認められるものが多いと考えられること等からすれば、類似法人
> の抽出範囲を沖縄国税事務所及び熊本国税局管内としたことも合理
> 的である。

　過大役員給与に対するこのような課税手法は過去から行われてきているが、税務コンプライアンス上は、極めて大きな問題がある。なぜなら、納税者は申告納税制度に基づいて法人税法上適正な役員給与の額を求めようとしてもこのような手法を採ることは不可能だからである。この点について、法人税法34条2項は明らかに課税要件明確主義に反しているといわざるを得えず、仮に同規定を合憲的に解釈する場合には「不相当」の具体的判断基準を納税者の予測可能性を損なわないような緩やかなものにしなければならない※10との指摘もある。

　一方、上場会社では、形式基準を満たした役員給与が実質基準で過大とされるケースはまずない。それは、第三者である株主が役員給与に係る議案を株主総会で承認しているからである。しかし、現実には株主が役員給与の個人別の金額を知ることはほとんどない。これは、そもそも会社法が株主総会決議を経なければならない趣旨を「お手盛りの防止」にあるとしていることから、株主総会の決議で取締役全員の報酬の総額を定めている以上、その具体的な配分について取締役会の決定に委ねるものとしたとしても、必ずしもこの趣旨に反しないとされており、ほとんどの企業がこのような運用をしているからである※11。法人数のほとんどを占める中小企業、とりわけ同族会社だけが「恣意性」があるという理由で自ら申告することができない方法で否認されるリスクに晒されているのが現状であるといえるだろう。

[菅原　英雄]

※10　三木義一『現代税法と人権』216頁（勁草書房1992）。
※11　村中靖二＝淺井優『役員報酬・指名戦略』52頁（日本経済新聞出版社2019）。

4 │ インセンティブ報酬の多様性と 税制の対応

　政府は、第三の矢の一環として、コーポレートガバナンス改革を推進してきたが、このような方向性は今後も継続されるものと予想される。コーポレートガバナンスが重視されている今日、租税政策においても、会社法等が進めている政策に呼応するように、税制改正をもってコーポレートガバナンスの推進に寄与する方向性が打ち出されている。とりわけ、役員に対するインセンティブ報酬の多様化に対応すべく、平成28年度税制改正では、いわゆるリストリクテッド・ストック（Restricted stock）に係る改正がなされた。

　もっとも、役員に対するインセンティブ報酬は平成28年度税制改正がターゲットとしたリストリクテッド・ストックに限定されたものではない。平成29年度税制改正においては、中長期的なインセンティブ報酬に関する改正がなされ、実務上も注目を集めたところである。

　ところで、報酬、賠償保険や補償条件等の役員就任条件は、これまで主として企業の「コスト」として認識され、報酬規制も「お手盛り」防止の観点からその内容や決定手続等が考えられてきた[1]。しかし、役員就任条件は、中長期的な企業価値向上のために、優秀な人材を内外から確保し、経営者を含む業務執行者等の適切なインセンティブの創出に寄与するものであり、企業にとっては、いわば将来への投資でもある。そこで、報酬、賠償保険や補償条件等の役員就任条件を適切に設計することにより、中長期的な企業価値向上に向けて、優秀な人材を内外から確保し、経営者を含む業務執行者等に対するインセンティブを創出するこ

---

[1]　この点については、酒井克彦「タックス・コンプライアンスの現状と課題税務に関するコーポレート・ガバナンスと企業への影響」会社法務A2Z 119号26頁（2017）参照。

とが可能となるという考え方が導出される。これこそが、経済産業省の「コーポレート・ガバナンス・システムの在り方に関する研究会」（座長：神田秀樹教授）が、その報告書「コーポレート・ガバナンスの実践〜企業価値向上に向けたインセンティブと改革〜」（平成27年7月24日）において明確に指摘する方向性である。具体的に、同報告書は、「我が国では株式報酬型ストックオプション（権利行使価格を1円等の極めて低廉な価格とするストックオプション）という株式保有と類似した状態の実現を意図するストックオプションは既に存在する。欧米において中長期のインセンティブとして普及しているPerformance ShareやRestricted Stockと同様の仕組みを我が国で導入するため、信託を用いた新しい株式報酬が導入され始めている。」とする[2]。

　経営陣の報酬は、持続的な成長に向けた健全なインセンティブとして重要な意味を有するといえよう。このことは、コーポレートガバナンス・コードも指摘するところである[3]。そこで、魅力ある経営陣の報酬スタイルが模索されることになるが、我が国においては、ストックオプション制度が多くの企業で導入されている。このストックオプション制度は、自社株を用いた報酬制度の代表的なものであるが、自社株を報酬に用いることは、中長期的なインセンティブを付与する上で有効であると考えられている。

　もっとも、諸外国には、ストックオプションのみならず、様々なインセンティブ報酬形態があるところ、我が国においては、上記のとおり平成28年度税制改正において、諸外国で役員報酬として一般的に用いら

※2　この信託スキームは、「役員報酬BIP信託」（BIP：Board Incentive Plan）と呼ばれるものである。

※3　我が国企業の「稼ぐ力」の向上のため、中長期的な収益性・生産性を高めることが重要であるとして、スチュワードシップ・コードの策定（平成26年2月）、社外取締役の確保に向けた改正会社法の施行（平成27年5月）、コーポレートガバナンス・コードの策定（平成27年6月適用開始）等もこうした背景の中でなされた。なお、令和元年12月4日には、上場企業等に社外取締役の設置を義務付ける改正会社法が可決成立している。

れている、いわゆるリストリクテッド・ストックに関する税制が整備され、これに続く、平成29年度税制改正においてより多様なインセンティブ報酬に係る税制が整備されている。

本節では、新たなインセンティブ報酬に関する税制上の取扱いについて、ストックオプション制度との比較検討等を行いながら確認することから始め、とりわけコーポレートガバナンスの充実に資することが期待される社外取締役へ付与するインセンティブ報酬の課税問題を検討したい。

I　特定譲渡制限付株式に関する税制措置の概要

1　ストックオプションとリストリクテッド・ストックとの径庭

⑴　特定譲渡制限付株式とは

法人からその法人の役員又は従業員等（以下「役員等」という。）に対し、その役務提供の対価（実質的に役務提供の対価と認められるものも含む。）として交付される一定期間の譲渡制限その他の条件が付されている「株式」を「特定譲渡制限付株式」ないし「リストリクテッド・ストック」という（以下、租税法上の概念として説明する際には、「特定譲渡制限付株式」といい、それを含めて広くこれらの株式を指す場合には、「リストリクテッド・ストック」という。）。

リストリクテッド・ストックには、譲渡制限が付されるが、譲渡制限期間中はそのリストリクテッド・ストックの処分ができないこととされている[4]。

※4　実際は、エスクローやカストディアンによって保管されることとなり、付与者からの引渡請求も拒むことができるように設計されている（中村慎二『新しい株式報酬

ここで、譲渡制限付株式とは、次の要件に該当する株式をいう。

> ①　譲渡についての制限がされており、かつ、当該譲渡についての制限に係る期間（②において「譲渡制限期間」という。）が設けられていること。
> ②　当該個人から役務の提供を受ける法人又はその株式を発行し、若しくは当該個人に交付した法人がその株式を無償で取得することとなる事由（その株式の交付を受けた当該個人が譲渡制限期間内の所定の期間勤務を継続しないこと若しくは当該個人の勤務実績が良好でないことその他の当該個人の勤務の状況に基づく事由又はこれらの法人の業績があらかじめ定めた基準に達しないことその他のこれらの法人の業績その他の指標の状況に基づく事由に限る。）が定められていること。

　ここでは、役務提供の対価として役員等に生ずる債権の給付と引換えにその役員等に交付される譲渡制限付株式のほか、その役員等に給付されることに伴ってその債権が消滅する場合のその給付された譲渡制限付株式が対象とされている（法法54①、法令111の2①、所令84①）。すなわち、その役員等に生ずる債権の現物出資と引換えに交付されるその役務の提供を受ける法人若しくはその法人の発行済株式等の全部を直接に保有する親法人（以下「完全親法人」という。）の譲渡制限付株式又はその法人によって給付されたその法人が有していたその完全親法人の譲渡制限付株式が該当することになる[5]。

制度の設計と活用』43頁（中央経済社2017））。
[5]　平成28年4月28日に公表された経済産業省産業組織課『「攻めの経営」を促す役員報酬〜企業の持続的成長のためのインセンティブプラン導入の手引』〔令和元年5月時点版〕（以下「導入の手引」という。）は、役務の提供を受ける法人の完全親法人の株式を交付する場合には、役員等が役務の提供を受ける法人に対する債権を、その完全親法人に対して現物出資する（その結果、その完全親法人がその債権を取得することになる）ことが考えられるとする。そして、役務提供を受ける法人が役員

(2)　会社法改正と令和2年度税制改正

なお、取締役の報酬に関する規律その他の取締役等に関する規律の見直しなどを行うことを目的とした「会社法の一部を改正する法律案」が、令和元年12月4日可決・成立し、同月11日に公布（令和元年法律第70号）されたが、かかる会社法改正により、上場会社において取締役又は執行役の報酬として株式を発行する場合には出資の履行を要しないこととされた（会社202の2、361①三）。これを受けて、令和2年度税制改正によって税制上も所定の整備がなされ、特定譲渡制限付株式とは、譲渡制限付株式であって次の要件に該当するものとされている（法法54①）。

①　その譲渡制限付株式が役務の提供の対価として個人に生ずる債権の給付と引換えにその個人に交付されるものであること。

②　①のほか、その譲渡制限付株式が実質的に役務の提供の対価と認められるものであること。

すなわち、従来の取扱いに加えて、②譲渡制限付株式で個人に給付されることに伴ってその個人の法人に対する役務提供の対価としてその個人に生ずる債権が消滅するもの以外のもので、実質的に法人に対する役務提供の対価と認められる譲渡制限付株式が追加されたわけであるが、これにより、改正後の会社法の規定に基づき取締役又は執行役の報酬として出資の履行をさせずに発行される譲渡制限付株式が特定譲渡制限付株式とされている。

(3)　ストックオプションの課税との異同

特定譲渡制限付株式を付与された個人に対しては、その譲渡制限の解除日に係る株式の価額で課税されることが明確化されているわけであるが、このことは、すなわち、付与時課税を実施しないことを意味する。

等に対して負う債務について、その完全親法人が債務引受けをした上で、その債務引受けによりその完全親法人に対する債権となった債権を、役員等がその完全親法人に対して現物出資することも考えられるとする。

付与時課税を行わない点については、ストックオプションの課税ルールと同様の取扱いであるということができる。すなわち、いわゆる親会社ストックオプション訴訟最高裁平成17年1月25日第三小法廷判決（民集59巻1号64頁。以下「最高裁平成17年判決」という。）[※6]では、権利行使時における経済的利益である権利行使益に対して給与所得課税するものとされている。もっとも、リストリクテッド・ストックは、ストックオプションとは異なり、譲渡制限が付されているものの、当初から付与されたものが「株式」であることには変わりがないから、権利行使時課税という観念はない。この点、親会社ストックオプション訴訟の事例において、譲渡制限が解除され権利行使が可能となった時点における課税をせずに、実際の権利行使時まで課税をしない理由につき、課税当局は経済的価値の外部からの流入が観念できないと整理していたからではなかったであろうか。ストックオプションの場合、権利行使をするか否かは権利行使者の側の判断次第であって、権利行使までは必ずしも権利が「実現」すると考えることはできないという事情があったのである。それに対して、リストリクテッド・ストックの場合には、権利行使をすることなく株式を既に有しており、ここに実質的な意味での経済的価値が付与されているという点において、相違が見られよう。

② 課税のタイミング

(1) 法人税法54条

そこで、法人税法54条《譲渡制限付株式を対価とする費用の帰属事

[※6] 判例評釈として、増田稔・平成17年度最高裁判所判例解説〔民事編〕39頁（2008）、品川芳宣・税研121号42頁（2005）、吉村政穂・租税判例百選〔第4版〕70頁（2005）、本庄資・ジュリ1284号157頁（2005）、占部裕典・法令解説資料総覧282号123頁（2005）、酒井克彦・国税速報5685号5頁（2005）、同・税務事例36巻4号1頁、5号1頁、6号1頁（2004）、同『ブラッシュアップ租税法』119頁（財経詳報社2011）など参照。

業年度の特例）は、「内国法人が個人から役務の提供を受ける場合において、当該役務の提供に係る費用の額につき譲渡制限付株式…であって当該役務の提供の対価として当該個人に生ずる債権の給付と引換えに当該個人に交付されるものその他当該個人に給付されることに伴って当該債権が消滅する場合の当該譲渡制限付株式（以下…『特定譲渡制限付株式』という。）が交付されたとき…は、<u>当該個人において当該役務の提供につき所得税法その他所得税に関する法令の規定により当該個人の同法に規定する給与所得その他の政令で定める所得の金額に係る収入金額とすべき金額又は総収入金額に算入すべき金額（…『給与等課税額』という。）が生ずることが確定した日において当該役務の提供を受けたものとして、この法律の規定を適用する。</u>」と規定する[7]。このように、法人税法上の損金算入を所得税法36条《収入金額》の規定の適用に合致させようとしているのである（なお、上記のとおり、会社法の一部を改正する法律の施行に伴って税制にも改正が加わっているが、かかる改正によっても、課税の考え方についての変更はない。）。

　すなわち、その法人においては、その役員等における所得税の課税時期として所得税法等の規定により給与等課税額が生ずることが確定した日（すなわち、その特定譲渡制限付株式の譲渡制限解除日）にその役務提供を受けたものとされ、その役務提供に係る費用の額は、同日の属する事業年度において損金の額に算入することとされたのである。

　なお、譲渡制限付株式には、「法人がその株式を無償で取得することとなる事由が定められていること」が要件とされている。この譲渡制限付株式として認められるために必要な無償取得事由は、役員等が「譲渡制限期間内の所定の期間勤務を継続しないこと」や「勤務実績が良好でないこと」といった「役員等の勤務の状況に基づく事由」又は「法人の

※7　ここに、譲渡制限付株式とは、「譲渡についての制限その他の条件が付されている株式として政令で定めるもの」をいい、その条件等については、法人税法施行令111条の2《譲渡制限付株式に係る株式の保有関係等》に規定されている。

業績があらかじめ定めた基準に達しないこと」といった「法人の業績等の指標の状況に基づく事由」に限ることとされている（法令111の2②二、所令84①二)[※8]。

　もっとも、給与等課税額が生ずることが確定した日において「当該役務の提供を受けたものとして」とするのは、当然ながら、法人税法が課税の対象としているリストリクテッド・ストックの発行法人側の話ではなく、むしろ所得税法が課税の対象とする役員の側から「提供を受けたものとして」という擬制である。そして、かかる「擬制」の下で、「この法律の規定を適用する」、すなわち、「法人税法の規定の適用をする」のである（当然ながら、所管事項の原則[※9]があるから、法人税法に所得税法の規定を設けることはできない。）。要するに、これは、所得税法関連法令の適用によって給与等課税額が生ずることが確定した日において、法人税法上の損金の額に算入するという規定である。

　所得税法上、リストリクテッド・ストックに係る課税上の取扱いが争われた事例があるが、それらの事例においても、リストリクテッド・ストックに係る譲渡制限解除日に経済的価値を観念するという考え方が採用されてきた。次に、そのリストリクテッド・ストックに係る所得税法上の取扱いについて争われた代表的な訴訟を素材に、この点の確認をしてみたい。

(2) 親会社リストリクテッド・ストック訴訟

　親会社が付与するリストリクテッド・ストックの課税上の取扱いが争点とされた事例において、東京地裁平成17年12月16日判決（訟月53巻

※8　「導入の手引き」は、無償取得の手法として、種類株式を用いるほか、普通株式を用いた上で、法人とその役員等との契約において無償取得事由を定めることが考えられる旨指摘する。

※9　所管事項の原則とは、法令の種類ごとに所管事項を定め、所管事項以外のことはその法形式では規定できないこととし、法令間に矛盾抵触が生じないようにするという考え方である（酒井克彦『フォローアップ租税法』17頁（財経詳報社2010))。

3号871頁。以下「東京地裁平成17年判決」ともいう。)※10は、「〔筆者注：所得税法36条が〕『収入すべき金額』としているのは、現実の収入がなくても、その収入の原因となる権利が確定した場合には、その時点で所得の実現があったものとして同権利確定の時期の属する年分の課税所得を計算するという建前（いわゆる権利確定主義）を表明したものであり、ここにいう収入の原因となる権利が確定する時期は、それぞれの権利の特質を考慮し決定されるべきものである（最高裁昭和53年2月24日第二小法廷判決・民集32巻1号43頁参照）。」とし、「本件付与契約においては、…本件制限解除日（帰属確定日）において、本件リストリクテッド・ストックに係る全ての権利は原告に帰属するものとされているのであるから、同ストックに係る権利が最終的に原告に帰属したのは同解除日（平成12年9月1日）であるとの解釈を許容し得るものである。」とする。すなわち、所得税法が採用しているとされる権利確定主義の下では、制限解除日に権利が確定したと考えられるから、その日をもって、所得税法36条にいう「収入すべき金額」を観念すべきとするのである※11。

そして、最終的に課税のタイミングについて、「本件制限解除に至るまでの原告は、形式上米国H社の株主であるとはされているものの、その保有する株式を処分することも、株式買取請求権等の行使によって株

※10　判例評釈として、岩崎友紀・税務事例39巻9号29頁（2007）参照。
※11　もっとも、①リストリクテッド・ストックに係る契約によれば、原告は本件付与日以降、本件リストリクテッド・ストックを売却、入質又は移転する権利を除く全ての株主権を有するものとされていること、②同ストックについては、原告名義で譲渡制限株主帳簿に記入・登録され得るものとされていること、③原告が制限期間中に雇用先の日本H社を退職したとき等には同ストックは没収されると規定されているところ、これは、制限期間中原告が同ストックに係る株主であることを前提とする規定と読めなくもないことなどに照らすと、本件付与によって原告が同ストックに係る株主としての権利を取得した可能性も否定できなくはない。

　そこで、これに対して、東京地裁は、「しかしながら、仮にこのような前提に立つとしても、本件においては、…①本件リストリクテッド・ストックに付された譲渡制限が解除されるためには、原告が平成12年9月1日までの間、米国H社における基幹的地位に留まりながら継続的にフルタイムの勤務形態で雇用契約を継続するこ

式の処分に替えてその価値を取得することもおよそ不可能な状況に置かれていたものというべきであるから、このような時点において、株式の経済的価値を取得するに至ったと評価することはできず、むしろ、本件リストリクテッド・ストックに係る経済的利益の取得は、本件制限解除によって初めて現実化したものであって、その年分の所得として認識するのが相当であるというべきである。」とするのである。

　前述した親会社ストックオプション訴訟におけるストックオプションも、リストリクテッド・ストックに類似しており、ストックオプションが付与されても、当面は譲渡制限や権利行使制限が付されており、実際に譲渡や権利行使をしようにもそれが不可能であるという契約であった。そうであれば、この親会社リストリクテッド・ストック訴訟と同様に、ストックオプションについても権利行使制限の解除の日をもって、所得税法36条2項にいう「金銭以外の物又は権利その他経済的な利益」を観念することができるのではないかという疑問が生じ得る。しかしながら、権利行使制限が解除された時においては、なるほど権利行使は可能であるものの、実際的にはかかる権利は単なる形成権にすぎず、権利行使価額が自社株の市場価格を上回っている保証はない。つまり、株価が行使価格を下回る場合（アウト・オブ・ザ・マネー）には、ストックオプションはいわば無価値であるから、権利行使可能時（権利行使制限

と等の条件が付されており、これに反したときは同ストックも没収されるという不確定な権利が認められているにすぎないこと、②同ストックに係る株券は、エスクロー・エージェントとしての米国H社総務部長に交付・預託されており、原告は本件制限解除日までその交付を受けることもできないものとされているため、原告が制限付株式を処分することは、事実上不可能であったといえること、③本件リストリクテッド・ストックの趣旨に照らし、一般の譲渡制限付株式の場合に認められる株式買取請求権等の行使は、およそ想定されていなかったものと解されること、④日本H社担当者は、本件付与日における同ストックの付与価格をいずれも0.00ドルとしており、制限解除前の同ストックは市場価格が形成されないものであると認められること、⑤原告は、平成12年9月1日に同ストックにつき本件制限解除を受けたところ、同解除は、原告が制限期間中本件付与契約を遵守し、米国H社及び日本H社による本件会社分割等の業務を含む諸般の業務を誠実に遂行したことに対する対価としての意味を有するものであることが認められるのである。」とする。

解除時）に果たして、同権利が行使されるか否かは判然としないのである。さすれば、権利行使をしない可能性があるにもかかわらず、かような不安定な形成権を所得税法36条1項にいう「権利」と解釈することには無理があるといわざるを得ない。こうした理由から、ストックオプションについては権利行使可能時課税ではなく、権利行使時課税こそがリーズナブルな解釈として評価され得るのである[12]・[13]。

　他方、リストリクテッド・ストックについて、前述の東京地裁平成17年判決は、次のように論じる。すなわち、「仮に本件付与日（追加付与分については、その付与日）において原告が本件リストリクテッド・ストックに係る経済的利益を取得したと考えるとすると、原告は、現実には株式の価値に相当する利益を取得する手段が全くないにもかかわらず、付与日の株価を基準として算出した所得に対応する多額の所得税の納税義務を負うこととなるが、このような結論は、原告にとっても酷と

---

[12]　勤務先の親会社株式を無償で取得することができる権利である「ストック・アワード」が付与された場合の経済的利益の収入金額計上時期が争点となった事例において、大阪高裁平成20年12月19日判決（訟月56巻1号1頁）は、「ストックオプションにおいては、権利行使をして初めて当該株式に係る配当の受領、議決権の行使及び当該株式の処分等が可能になるものとされているのが通常であると考えられるから、そのようなストックオプションと、『vest』により、その時点で当該株式に係る配当の受領、議決権の行使及び当該株式の処分等が可能になる本件アワードとの権利の性質を同列に論じることはできず、ストックオプションと異なり、上記のような本件アワードにより『vest』時に付与される権利が予約完結権としての一種の形成権（期待権）付きの権利に止まると解することはできない。」として、「vest」時が収入金額の計上時期であると判示している。なお、最高裁平成21年5月26日第三小法廷決定（税資259号順号11210）は、上告を受理していないため、この判断は確定している。
[13]　酒井克彦『所得税法の論点研究』291頁（財経詳報社2011）。この点につき、最高裁平成17年判決は、「前記事実関係によれば、本件ストックオプション制度に基づき付与されたストックオプションについては、被付与者の生存中は、その者のみがこれを行使することができ、その権利を譲渡し、又は移転することはできないものとされているというのであり、被付与者は、これを行使することによって、初めて経済的な利益を受けることができるものとされているということができる。そうであるとすれば、B社は、上告人に対し、本件付与契約により本件ストックオプションを付与し、その約定に従って所定の権利行使価格で株式を取得させたことによって、本件権利行使益を得させたものであるということができる」とする。

いわざるを得ないのであって、この点からしても、上記のように解するのが相当というべきである。」という。すなわち、リストリクテッド・ストックについてみれば、付与時において、所得税法36条2項にいう「金銭以外の物又は権利その他経済的な利益」を観念すべきか否かという問題は、上記の親会社ストックオプションにおける権利行使時の問題と同様の理論構成を踏んでいるとみることができるように思われる。

このような理解は、所得税法が課税の対象としている担税力の観点から考えることも十分に可能である。すなわち、換価可能性ないし経済的価値可能性の全く認められない段階での課税は、担税力課税という原則的思考に抵触するおそれすらあるからである※14。

もっとも、この事案において、原告は、権利等の換価可能性は必ずしも所得課税の要件とされていないと主張して、たとえ本件リストリクテッド・ストックが譲渡制限付きであったとしても、これを保有する経済的利益は付与時に発生していると主張する。これに対し、同東京地裁は、「換価可能性は所得課税の担税力を裏付けるものとしても重要であって、換価可能性ないし経済的評価可能性の全く認められない段階で課税することは、納税者にとってもかえって酷な結果を招くことがある」として原告の主張を排斥しているが、この辺りの考え方は、ストックオプション課税とリストリクテッド・ストック課税が担税力課税という点において同様の構成を採用していることの現れであるといえよう。

なるほど、原告は、未実現の利益であってもみなし配当所得として課税されることがあるとも主張するが、みなし配当所得については別段の立法上の措置（平成13年法律第6号による改正前の所得税法25条2項2号）の下に課税されるものであるから、本件リストリクテッド・ストックに係る課税関係を論ずる際に同様の理論構成を採用し得ないのは当然であろう。

※14　渡辺伸平「税法上の所得をめぐる諸問題」司法研究報告書19輯1号91頁（1967）。

3 所得税法上の取扱い

(1) 所得税法施行令84条

所得税法施行令84条《譲渡制限付株式の価額等》は、「個人が法人に対して役務の提供をした場合において、当該役務の提供の対価として譲渡制限付株式…であって当該役務の提供の対価として当該個人に生ずる債権の給付と引換えに当該個人に交付されるものその他当該個人に給付されることに伴って当該債権が消滅する場合の当該譲渡制限付株式（以下…『特定譲渡制限付株式』という。）が当該個人に交付されたとき…における当該特定譲渡制限付株式又は承継譲渡制限付株式に係る法第36条第2項《収入金額》の価額は、当該特定譲渡制限付株式又は承継譲渡制限付株式の譲渡…についての制限が解除された日…における価額とする。」と規定する。

このように、譲渡制限解除時すなわち権利行使可能時課税が明文をもって規定されているのである。また、「特定譲渡制限付株式」の交付後に、特定譲渡制限付株式を交付する法人に合併等の組織再編成があり、その特定譲渡制限付株式を有する役員等に対して新たに交付される株式に一定期間の譲渡制限及び無償取得事由といった条件が付されている場合、新たに交付される株式についてその役員等に所得課税が生ずるのは、その譲渡制限が解除された日となる（所令84①）。なお、特定譲渡制限付株式から生ずる配当金がある場合には、通常の株式配当金と同様に、配当があった時点で配当課税がなされる。

ところで、権利行使可能時（譲渡制限解除時）課税が妥当であるとしても、実際問題として、インサイダー取引規制により保有株式を売却できないということもあり得る。すなわち、形式上の権利行使可能時において、実質的には権利行使可能ではない場合における問題がある。かような事情を斟酌した上で、事実上の権利行使可能時を課税のタイミングとみるべきかという問題も惹起されよう。また、権利行使可能時（譲渡

制限解除時）課税によって生じる所得税の納税資金を確保するために対象株式を譲渡しようにも、同様の理由により事実上売却ができないという問題がある。しかしながら、業務等に関する重要事実を知る前に締結されたその上場会社等の特定有価証券等に係る売買等に関する契約、いわゆる知る前契約によって譲渡することは可能であるし（金商166⑥十二、有価証券の取引等の規制に関する内閣府令59①十四）、知る前契約の活用により、譲渡制限解除日に一定比率の株式を売却する旨を事前に定めておくことは可能であることを考えれば、課税の時期の問題も納税資金の問題もクリアされよう[15]。

(2)　所得区分

　リストリクテッド・ストックの付与を受けた場合の経済的利益に関する所得区分としては、給与所得、事業所得、退職所得及び雑所得などが考えられる。

　前述の東京地裁平成17年判決は、「本件利益は、原告が常務取締役であった日本H社からではなく、米国H社から付与されたものである。しかしながら、…米国H社は、日本H社の発行済全株式を有する親会社であるから、米国H社は日本H社の役員の人事権等の実権を握ってこれを支配しているものとみることができるのであって、原告は、米国H社の統轄の下に日本H社の常務取締役として本件会社分割を含む職務を遂行していたものということができる。」との認定の下で、「本件リストリクテッド・ストックは、Hグループにおける本件会社分割の遂行上、同社幹部役員等に対する精勤の動機付けとすることなどを企図して付与されたものであり、米国H社は、原告が…職務を遂行しているからこそ、原告との間で本件付与契約を締結して原告に対し同ストックを付与し、その譲渡制限を所定の時期に解除したものであって、本件利益が原告が…

※15　「導入の手引き」Q46も参照。

職務を遂行したことに対する対価としての性質を有する経済的利益であることは明らかというべきである。

　したがって、本件利益は、雇用契約又はこれに類する原因に基づき提供された非独立的な労務の対価として給付されたものとして、所得税法28条1項所定の給与所得に当たると解するのが相当である（最高裁平成17年判決参照）。」として、前述の親会社ストックオプション訴訟最高裁平成17年判決を参照する。

　最高裁平成17年判決は、「本件ストックオプション制度は、B社グループの一定の執行役員及び主要な従業員に対する精勤の動機付けとすることなどを企図して設けられているものであり、B社は、上告人〔筆者注：第一審原告納税者〕が上記のとおり職務を遂行しているからこそ、本件ストックオプション制度に基づき上告人との間で本件付与契約を締結して上告人に対して本件ストックオプションを付与したものであって、本件権利行使益が上告人が上記のとおり職務を遂行したことに対する対価としての性質を有する経済的利益であることは明らかというべきである。そうであるとすれば、本件権利行使益は、雇用契約又はこれに類する原因に基づき提供された非独立的な労務の対価として給付されたものとして、所得税法28条1項所定の給与所得に当たるというべきである。所論引用の判例は本件に適切でない。」として被上告人税務署長側が主張した給与所得該当性を肯定しているが、上記リストリクテッド・ストック訴訟における東京地裁平成17年判決の理論構成はこの判断を踏襲したものであるといえよう。すなわち、非独立的な労務の対価としての性質を有するものが所得税法28条《給与所得》1項にいう給与所得に該当するというわけである。

　なお、東京地裁平成18年2月16日判決（税資256号順号10318）は、リストリクテッド・ストックの譲渡制限解除時の株式取得益及びストックオプションの権利行使時における経済的利益に係る所得区分が争点とされた事例であるが、いずれについても給与所得該当性を肯定している[16]。

4　法人税法上の取扱い

(1)　定期同額給与としての特定譲渡制限付株式

　法人税法34条《役員給与の損金不算入》1項2号は、損金算入することができる役員給与として、「その役員の職務につき所定の時期に、確定した額の金銭又は確定した数の株式…若しくは確定した額の金銭債権に係る第54条第1項《譲渡制限付株式を対価とする費用の帰属事業年度の特例》に規定する特定譲渡制限付株式…を交付する旨の定めに基づいて支給する給与」を規定しているが、かかる給与には、「定期同額給与及び利益連動給与」を除き、「その給与が定期給与を支給しない役員に対して支給する給与…以外の給与（株式又は新株予約権による給与で、将来の役務の提供に係るものとして政令で定めるものを除く。）である場合　政令で定めるところにより納税地の所轄税務署長にその定めの内容に関する届出をしていること。」と規定する。そして、これを受けて、法人税法施行令69条《定期同額給与の範囲等》2項は、「法第34条第1項第2号の役員の職務につき株主総会、社員総会その他これらに準ずるもの（…『株主総会等』という。）の決議…により同条第1項第2号の定め（当該決議の日から一月を経過する日までに、特定譲渡制限付株式…を交付する旨の定めに限る。）をした場合における当該定めに基づいて交付される特定譲渡制限付株式又は特定新株予約権による給与」と規

※16　その他、インセンティブ報酬に関する給与所得該当性が肯定された事例は多い。リストリクテッド・シェアにつき、東京地裁平成24年7月24日判決（税資262号順号12010）、リストリクテッド・ストック・ユニットにつき、名古屋地裁平成26年5月29日判決（税資264号順号12480）、ストック・アワードにつき、大阪地裁平成20年2月15日判決（訟月56巻1号21頁）、その控訴審大阪高裁平成20年12月19日判決（訟月56巻1号1頁。判例評釈として、増井良啓・ジュリ1441号139頁（2012）参照）、類似事例として、東京地裁平成27年5月28日判決（税資265号順号12671）、東京地裁平成27年10月8日判決（税資265号順号12735）、その控訴審東京高裁平成28年5月25日判決（裁判所HP）、東京地裁平成28年1月21日判決（訟月62巻10号1693頁）など参照。

定している。

このことから、役員給与として特定譲渡制限付株式が交付された場合には、原則として事前確定届出給与の要件に該当する特定譲渡制限付株式による給与の額は損金の額に算入されるところ、この特定譲渡制限付株式による給与のうち株式交付等の上記のスケジュールに係る要件を満たすものについては、事前確定届出給与の届出が不要ということになる[17]。

なお、特定譲渡制限付株式の交付後、特定譲渡制限付株式を交付する法人を当事者とする合併又は分割型分割が行われた場合に、その法人以外のその合併又は分割型分割に係る法人が、その特定譲渡制限付株式に係る契約関係を承継し、「承継譲渡制限付株式」を交付する場合がある。例えば、特定譲渡制限付株式を交付しているA社（消滅会社）とB社（存続会社）が合併し、その合併の対価としてその特定譲渡制限付株式を有するA社役員等に交付されるB社株式が譲渡制限付株式に該当する場合に、そのB社株式は「承継譲渡制限付株式」となるが、この場合、その合併の日においては課税関係は生じず、そのB社株式の譲渡制限解除日（給与等課税額が生ずることが確定した日）においてその役員等から役務提供を受けたものとして、B社はその役員等の役務提供に係る費用の額を同日の属する事業年度において損金の額に算入することとなる[18]。

※17　なお、特定譲渡制限付株式に関する税制措置のうち、損金算入時期を役員等に給与等課税事由が生じた日の属する事業年度とする措置については、法人が平成28年4月1日以後にその交付に係る決議（その決議が行われない場合には、その交付）をする特定譲渡制限付株式及びその特定譲渡制限付株式に係る承継譲渡制限付株式について適用されている。また、事前確定届出給与に該当する「特定譲渡制限付株式による給与」の届出を不要とすることについては、平成28年4月1日以後に開始する事業年度について適用されている。

※18　「導入の手引」Q32は、合併及び分割型分割を含む組織再編成に際して、法人とそ

(2)　特定譲渡制限付株式による給与と事前届出給与の要件

　役員に支給する「特定譲渡制限付株式による給与」については、その特定譲渡制限付株式の交付までの手続等を踏まえると、事前確定届出給与の要件を満たすことができると考えられる。その要件を満たす場合については、事前確定届出給与に該当する「特定譲渡制限付株式による給与」となり、その支給額が損金の額に算入される。

　本来、事前確定届出給与に該当するためには、納税地の所轄税務署長に「その役員の職務につき所定の時期に確定額を支給する旨の定めの内容に関する届出」をしていることが必要とされているが、株式交付等のスケジュールに係る要件を満たす「特定譲渡制限付株式による給与」については、その届出は不要とされている。

　ここで、「事前確定届出給与」に該当する「特定譲渡制限付株式による給与」となるためには、「その役員の職務につき所定の時期に確定した数の株式又は確定した額の金銭債権に係る特定譲渡制限付株式を交付する旨の定め」に基づいて「特定譲渡制限付株式による給与」が支給されることが要件となる。すなわち、その役員の職務執行開始当初に、その役員の職務執行期間（＝将来の役務提供）に係る報酬債権の額（支給額）が確定し、所定の時期までにその役員によるその報酬債権の現物出資と引換えに譲渡制限付株式が交付されることが必要となる。

　そのため、職務執行開始当初にその報酬債権の額（支給額）が確定せず、業績状況に応じて報酬債権の額が決まる場合には、確定した額の金銭債権に係る特定譲渡制限付株式に該当しないことから事前確定届出給与には該当しないと解される。

　の役員等との間のインセンティブ構造が大幅に変更されること等の理由から、その時点で特定譲渡制限付株式に関する権利関係をいったん清算（組織再編成時までの期間分の特定譲渡制限付株式について譲渡制限を解除し、将来分の特定譲渡制限付株式については無償取得する）し、必要に応じて再編後新たに再編後の法人の特定譲渡制限付株式を交付するといった実務上の工夫も考えられるとする。

「届出が不要となる事前確定届出給与」に該当するための株式交付等のスケジュールに係る要件としては、報酬決議及び特定譲渡制限付株式の交付に係る期限が設けられている。具体的には、職務の執行の開始の日（原則として、定時株主総会の日）から1月を経過する日までに株主総会等（株主総会の委任を受けた取締役会を含むものと解される。）の決議により取締役個人別の確定額報酬についての定め（その決議の日からさらに1月を経過する日までに、その職務につきその役員に生ずる債権の額に相当する特定譲渡制限付株式を交付する旨の定めに限る。）がされ、その定めに従って交付されることが要件とされている（法令69③一）。

　「特定譲渡制限付株式による給与」の額及び損金算入時期については、既述のとおり、役員等に給与等課税額が生ずることが確定した日（＝特定譲渡制限付株式の譲渡制限が解除された日）においてその法人がその役員等から役務提供を受けたものとして、その役務提供に係る費用の額（損金算入額）をその法人の同日の属する事業年度の損金の額に算入する。その際の損金算入額については、原則として、その譲渡制限が解除された特定譲渡制限付株式の交付と引換えにその役員等により現物出資された報酬債権等の額とされている。

II インセンティブ報酬概論

　特定譲渡制限付株式の税制上の取扱いは上記のとおりであるが、以下では、特定譲渡制限付株式などのインセンティブ報酬制度に係る税制上の整備を図る必要性とその背景について概観することとする。

1 エージェンシー問題

　バーリ（Adolf A. Berle）とミーンズ（Gardiner C. Means）が企業論に関する古典的名著"The Modern Corporation and Private Property"[19]を出版したのは、1932年である。産業革命後の好景気の下で、20世紀のアメリカ企業の変貌を分析する同書は、経営規模が相対的に小さい伝統的な個人企業や株式未公開会社については、所有（ownership）と支配（control）はおおむね一致しているものの、近代的大企業においては、両者が着実に分離の方向に向かっている点を鋭く指摘した。そのような両者が分離した近代的企業においては、伝統的な個人企業において株主が果たしてきた企業経営に対する監視機能が発揮しにくくなり、その結果、経営者は株主の利益を無視して、自分自身の利益追求をするようになると説いた。このように、同書は、企業における所有者と経営者の利害対立の構図を明らかにして、エージェンシー理論（agency theory）を論じたのである。

　ある依頼者が別の者に何らかの役務提供の代行を依頼する場合における、依頼者（プリンシパル：principal）と代理人（エージェント：agent）との間の関係をエージェンシー関係といい、会社においては、株主がプ

※19　Berle, A. Means, G. The Modern Corporation and Private Property, Reviswd Editon, Transaction Publishers（1991）. 宮崎昭「ニュー・ディールと『経営者支配論』―バーリ＝ミーンズ『近代株式会社と私有財産』を中心に―」川崎文治ほか編『講座経営経済学〔第2巻〕現代資本主義と経営学説』（ミネルヴァ書房1978）も参照。

リンシパルに当たり、経営者がエージェントに当たる。かかる関係の下では、専門的な知識を有し、コンプライアンスを守れる忠実なエージェントがプリンシパルの立場に立ってベストな行動を選択することが求められるが、現実には、両者の間には利害対立が生ずる。プリンシパルたる株主は経営者であるエージェントに利益にかなう十分な努力水準を求めるのに対して、エージェントは自分にとって望ましい努力水準を選択しようとする。もっとも、プリンシパルがエージェントの行動を常に監視することはできないため、プリンシパルにとって望ましい努力を払うことを期待するにも限界があるであろう。

　そもそも、大企業においては、プリンシパルは企業外部にいるため、エージェントの行動に関する情報獲得には限界がある。このように、情報に関する非対称性が両者の間に存在するのである。この点、プリンシパルとエージェントとの間で、事前に、エージェントが一定の成果を挙げればいくらの報酬をプリンシパルは払わなければならないといった条件を契約に織り込んでおけば問題はないかもしれない。しかしながら、企業の成果は必ずしもエージェントの努力と正比例するものではなく、多くの偶発的事象によって左右されるのであり、これが契約の不完備性というものである。

　このような情報の非対称性や、契約の不完備性の中にあって、エージェンシー問題をいかにしたら解決することができるかという点についての議論がこれまでも続けられてきた。その1つがモニタリングによって、プリンシパルとエージェントとの間の情報の非対称性を緩和する仕組みである。

　この点、アメリカでは、従来から独立色の強い社外取締役が取締役会の過半数を占めることを求める証券取引所規則が存在していた上に、2003年11月に証券取引委員会が承認したニューヨーク証券取引所上場規則では、上場企業の取締役の過半数が独立取締役でなければならないという規則が織り込まれるなどしており、取締役会における社外取締役

あるいは社外監査役、会計監査人としての監査法人が経営に対するモニター役として機能してきたともいわれているところである[20]。しかしながら、その後、エンロン事件に代表されるとおり、この制度が十分にその期待された機能を果たしていたかという点については、多くの疑問も寄せられている。なお、日本の場合はとりわけ、金融機関なかんずくメインバンクによってモニタリングが展開されているという特徴を有する[21]。

② 経営者へのインセンティブ報酬

かように、企業組織において、エージェンシー問題とは、株主の期待に反して経営者が株主の期待を毀損するような行動を選択することの脅威を意味する。これについては、そもそもモニタリング制度への過度の期待に対する反省もあるところ、他方で、インセンティブ報酬によって、かかる問題を解決しようとする考え方もみられる。

経営者の金銭的報酬が定額であると、怠けたり、会社の資源を自分のために利用するなど、プリンシパルたる株主の期待を裏切る行動をしても、受け取る報酬に基本的には影響がないことから、経営者はモラル・ハザードを起こしやすいが、これに対して、報酬額を努力水準に見合うように設定したり、企業の業績に応じて賞与部分を大幅に増減させるなどの報酬設定は、経営者のインセンティブに直接働きかけるものと考えられる[22]。

そこで、企業におけるプリンシパルとエージェントの利害を一致させ

※20 花崎正晴『コーポレート・ガバナンス』316頁（岩波書店〔kindle〕2014）。
※21 堀内昭義＝花崎正晴「メインバンク関係は企業経営の効率化に貢献したか―製造業に関する実証研究―」経済経営研究21号1頁（2000）、同「日本企業のガバナンス構造―所有構造、メインバンク、市場競争―」経済経営研究24号1頁（2004）など参照。
※22 花崎・前掲※20、388頁。

る方策の一つとして提案されたのが、業績連動型報酬であり、特にインセンティブ報酬制度の活用が注目されることとなった。企業活動の成果が上がれば、株主の利益にかなうことは当然として、例えば、業績連動型の報酬が設けられていれば、経営者にとっても利益になるからである。Ⅰで触れたストックオプションがこの例である[23]。

Ⅲ　経済産業省の実務指針

❶　コーポレート・ガバナンス・システムに関する実務指針

　経営陣の報酬の在り方について、経済産業省の「コーポレート・ガバナンス・システムに関する実務指針」（平成29年3月同省策定）は、「経営陣の報酬体系を設計する際に、業績連動報酬や自社株報酬の導入について、検討すべきである。」として、次のような指摘をしている。

> 　我が国企業の経営陣の報酬について、依然として固定報酬が中心であり、業績連動報酬や自社株報酬の割合は欧米に比して低い傾向にあると指摘されている。業績連動報酬や自社株報酬は、業績や株価の変動に応じて経営陣が得られる経済的利益が変化するため、中長期的な企業価値向上への動機付けとなる。

----

[23]　ストックオプション及びストック・アプリシエイション・ライト（Stock Appreciation Right：SAR）とは、一般に、特定の株式を、一定の条件の下、一定の期間内に、市場価格ではなく、あらかじめ定められた権利行使価格で取得することのできる権利ないし契約上の地位を意味しており、前者は、権利行使の際に権利行使価格に相当する金銭を払い込む必要がないのに対し、後者は、権利行使の際に権利行使価格に相当する金銭を払い込む必要がある。ストックオプションを行使した際の利益とは、権利行使時における株式の市場価格と被付与者が払い込んだ権利行使価格との差額のことであり、SARを行使した際の利益とは、権利行使時における株式の市場価格と被付与者について定められた権利行使価格との差額を指す（東京地裁平成16年10月15日判決（判タ1204号272頁）参照。判例評釈として、石川欽也・税務事例41巻1号1頁（2009）参照）。

自社株報酬については、それに加え、自社株を保有することにより、経営陣と株主の価値共有に資するというメリットもある。

　業績連動報酬や自社株報酬の導入を検討するに際しては、例えば各社の状況に応じて、以下のような要素を踏まえて検討することが有益である。

①　自社が掲げる経営戦略等の基本方針に沿った内容になっているか。

②　財務指標・非財務指標を適切な目標として選択しているか。

③　自社の状況からして業績連動報酬や自社株報酬を導入することが適切な時期か。

④　報酬全体に占める割合が適切か。

　報酬政策（業績連動報酬・自社株報酬を導入するか否かを含む）を検討するに際しては、まず経営戦略が存在する必要がある。その上で、経営戦略を踏まえて具体的な目標となる経営指標（KPI）を設定し、それを実現するためにどのような報酬体系がよいのか、という順番で検討していくことが重要である。経営戦略なくして、報酬政策だけを検討しても、経営陣に対して適切なインセンティブを付与することに繋がらない。

　もっとも、我が国においては、会社法上、無償で株式を発行することや労務出資が認められていないため、役員に報酬として株式自体を直接交付することができないという問題があった。この点についての議論が進む中[24]、税制上の取扱いについての議論も展開されてきたのである。なお、令和元年12月の会社法改正により、上場会社において取締役又は執行役の報酬として株式を発行する場合には出資の履行を要しないこ

---

[24]　会社法上、株式発行に際して決定する募集事項の中で、会社は、募集株式の払込金額又はその算定方法を定めなければならないとされており（会社199①二）、新株予約権の場合のように金銭の払込みを要しないことを許容する規定（会社238①二）もないため、株式の無償発行はできないと解されている。また、株式発行に際して、金銭以外の財産を出資の目的とするときは当該財産の価額を定めなければならないため（会社199①三）、出資の目的を労務とすること（労務出資）は認められないと解されているという問題があった。

ととされた（会社202の2、361①三）ことは上記のとおりであり、それに伴って令和2年度税制改正において所定の整備がなされていることも上述したところである。以下では、これまでの議論の概略を確認しておきたい。

2 短期的利益と長期的利益のトレード＝オフ関係

ところで、企業の短期的な利益と長期的な利益の間には、通常トレード＝オフの関係がある。

経営者が報酬の業績連動性を過度に意識すると、経営が近視眼的になる可能性がある。かような場合、経営者は目先の利益の追求に走ることとなり、将来的にみれば最適と考えられる選択（例えば、人材の教育、R&D活動、大規模修繕や大型の設備投資などへの投資）を後回しにして、直近の利益確保に走るおそれがあるといえよう。その他、正規雇用から契約社員や派遣などの非正規雇用へのシフトなども短期的にはコストを抑え足下の利益を嵩上げするといえよう[25]。しかしながら、かような施策は、長期的にみればそれによって企業の活力や基礎体力を削ぐことをも意味し、競争力を低下させ、将来的な収益性を悪化させる危険性を否定し得ないであろう。

そこで、中長期的利益や業績を念頭に置いた業績連動型報酬が議論されるに至っているのである。

前述の実務指針は、「中長期的な企業価値に向けた報酬体系についての株主等の理解を促すために、業績連動報酬や自社株報酬の導入状況やその内容について、企業が積極的に情報発信を行うことを検討すべきである」として、次のような指摘をしている。

---

[25] 花崎正晴氏は、足下の収益が好調なのは、現在の経営者の努力もさることながら、過去何代かにわたる経営陣が、長期的な視点に立った経営を続け、将来に対する投資を怠らなかった結果ともいえると指摘される（花崎・前掲[20]、441頁）。

業績連動報酬や自社株報酬は、企業が掲げる経営戦略等の基本方針に基づいて設計されるものであるため、その内容は株主等のステークホルダーの関心事である。かかる報酬の導入状況や内容について、企業が積極的に情報発信を行うことが有益である。

　特にこうした中長期のインセンティブ報酬の比率の少ない我が国企業では、説得力をもった説明を積極的に行うことで、株主等からの理解や評価を得ることが期待され、報酬制度の見直しの後押しとできる場合も多いと考えられる。

　そもそも、コーポレートガバナンス・コードも次のような点を論じていた。

【原則４－２　取締役会の役割・責務(2)】

　取締役会は、経営陣幹部による適切なリスクテイクを支える環境整備を行うことを主要な役割・責務の一つと捉え、経営陣からの健全な企業家精神に基づく提案を歓迎しつつ、説明責任の確保に向けて、そうした提案について独立した客観的な立場において多角的かつ十分な検討を行うとともに、承認した提案が実行される際には、経営陣幹部の迅速・果断な意思決定を支援すべきである。また、経営陣の報酬については、中長期的な会社の業績や潜在的リスクを反映させ、健全な企業家精神の発揮に資するようなインセンティブ付けを行うべきである。

【補充原則４－２①】

　経営陣の報酬は、持続的な成長に向けた健全なインセンティブの一つとして機能するよう、中長期的な業績と連動する報酬の割合や、現金報酬と自社株報酬との割合を適切に設定すべきである。

これらの報告等において注目されるのは、いずれも中長期的インセンティブを指摘している点である。かように、ストックオプションやリストリクテッド・ストック以外の中長期的報酬についても検討の射程に入れる必要性を確認することができるのである[26]。

　この点、我が国の役員報酬制度は、固定的な現金支給に偏っているといわざるを得ない。すなわち、「導入の手引」が示すとおり（図表－8）、我が国の役員報酬は、その多くが基本報酬形式を採用しており、諸外国が中長期インセンティブ報酬を採用していることと比べると、その報酬形態が多様ではないという状況にあった。

●図表－8

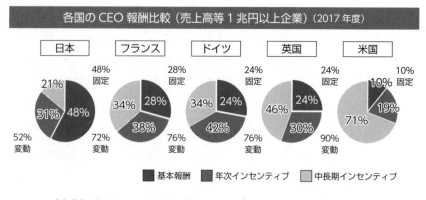

（出典）ウイリス・タワーズワトソン『2017年度　日米欧CEO報酬比較』
（2018年7月12日公表）

※26　リストリクテッド・ストック等の中長期的インセンティブ報酬としての機能を否定するものではない。渡辺徹也「役員に対するインセンティブ報酬への課税とコーポレート・ガバナンス―リストリクテッド・ストックを中心に」宍戸善一＝後藤元編『コーポレート・ガバナンス改革の提言』249頁（商事法務2016）、同「インセンティブ報酬に対する課税―リストリクテッド・ストック等を中心に」税務事例研究150号27頁（2016）、吉永康樹「米国内国歳入法83条の意義と機能―リストリクテッド・ストックを中心に」横浜法学24巻2＝3号141頁（2016）も参照。

そこで、多様な中長期的インセンティブ報酬の導入と促進が議論され、平成28年度税制改正により、前述のとおりリストリクテッド・ストックに係る税制上の取扱いが整備されたのである。平成29年度税制改正では、この点への措置が更に施されている。

　これまでの法人税法上の定めでは、利益連動給与として、金銭交付型のもの（パフォーマンスキャッシュ：Performance Cash）が損金算入されるだけであった（図表‐9）。

●図表‐9

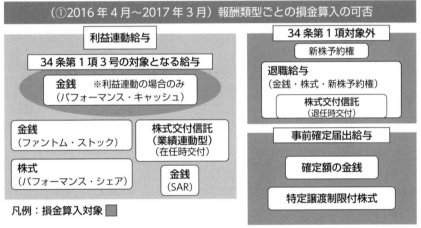

（出典）「導入の手引」82頁

　その後、平成29年4月以降は、株式交付信託、ファントム・ストック（Phantom Stock）やパフォーマンス・シェア（Performance Share）などについても損金算入することができることとされたのである（図表‐10）。そして、同年10月以降は、更に業績連動型新株予約権や業績連動型退職給与も損金算入の対象とされている（図表‐11）。

●図表－10

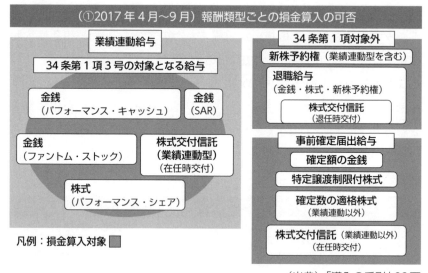

（①2017年4月～9月）報酬類型ごとの損金算入の可否

業績連動給与

34条第1項3号の対象となる給与

金銭
（パフォーマンス・キャッシュ）

金銭
（SAR）

金銭
（ファントム・ストック）

株式交付信託
（業績連動型）
（在任時交付）

株式
（パフォーマンス・シェア）

凡例：損金算入対象 ■

34条第1項対象外

新株予約権（業績連動型を含む）

退職給与
（金銭・株式・新株予約権）

株式交付信託
（退任時交付）

事前確定届出給与

確定額の金銭

特定譲渡制限付株式

確定数の適格株式
（業績連動以外）

株式交付信託（業績連動以外）
（在任時交付）

（出典）「導入の手引」83頁

●図表－11

（③2017年10月～）報酬類型ごとの損金算入の可否

業績連動給与

34条第1項3号の対象となる給与

金銭
（パフォーマンス・キャッシュ）

金銭
（SAR）

金銭
（ファントム・ストック）

株式
（パフォーマンス・シェア）

新株予約権
（業績連動型）

株式交付信託
（業績連動型）

退職給与（業績連動型）
（金銭・株式・新株予約権）

凡例：損金算入対象 ■

34条第1項対象外

退職給与（業績連動以外）

株式交付信託（業績連動以外）
（退任時交付）

事前確定届出給与

確定額の金銭

特定譲渡制限付株式

確定数の適格株式
（業績連動以外）

株式交付信託（業績連動以外）
（在任時交付）

確定数の新株予約権
（業績連動以外）

（出典）「導入の手引」83頁

IV 多様なインセンティブ報酬制度

　続けて、これら多様なインセンティブ報酬について簡単に概観しておきたい。

1 株式交付信託

　株式交付信託として、役員報酬BIP信託（BIP：Board Incentive Plan、以下「BIP信託」という。）がある。これは、会社が取締役等に対し、自社株式を交付するスキームであり、他のインセンティブ報酬と同様、インセンティブの付与を主たる目的とするもので、取締役等の在任時又は退任時に自社株式が付与される。なお、BIP信託は次のような方法で用いられる。

> ①　発行会社（信託委託者）が自社株式の取得資金をBIP信託受託者（信託受託者）に拠出し、BIP信託受託者が当該金銭を原資に係る自社株式を発行会社又は株式市場から取得する。
> ②　信託期間中の取締役等（受益者候補）の在任年数や役位、業績達成等をポイント化し、在任・退任時のイベントに合わせて当該ポイントに応じた自社株式を交付する。なお、信託内で自社株式を換価し、金銭で給付することもある（納税資金の確保を目的とするケースである。）。

　取締役等に交付される株式数を業績連動型と設定することも可能である。このBIP信託も、Iで取り上げたリストリクテッド・ストックと同様のスキームといえよう。

❷ 株式交付型報酬

　株式報酬には、ファントム・ストック方式のものとストックオプション方式のものがある。ファントム・ストック方式の株式報酬は、権利付与段階では未確定であるが、一定期間経過後に全部又は一部が確定し、現実の株式に転換して口座に入庫され、入庫後に株式の売却が可能になる。入庫時点の株価相当額が給与収入となり、入庫後株式を売却すれば売却価格と入庫時の価格の差が譲渡所得になる。

　これに対し、ストックオプション方式の株式報酬は、あらかじめ定められた権利行使価格で株式を購入することができる権利が付与されたもので、一定期間経過後に権利行使が可能になる。権利行使時点で、行使時の株式の市場価格と権利行使価格との差額が給与収入となり、これを売却すれば売却価格と権利行使時の株式の市場価格の差が譲渡所得になる[27]。

　なお、これらに類似する報酬として、ストック・ユニット（Stock Unit）がある[28]。ストック・ユニットとは、発行会社と被付与者との無担保の

---

[27]　東京高裁平成26年1月31日判決（判タ1407号242頁）参照。判例評釈として、長島弘・税務事例46巻5号26頁（2014）参照。同事件は、被告人が、A証券株式会社等から、平成18年分及び平成19年分の収入として、〈1〉源泉徴収の上で現金で国内口座に支給された基本給、賞与等の給与収入合計約2億7,846万円以外に、〈2〉源泉徴収されずに海外口座に入庫等された株式賞与（いわゆるインセンティブ報酬）合計約3億3,681万円の給与収入、〈3〉同株式等を売却したことによる譲渡収入約7億2,080万円、〈4〉海外口座の利子収入約448万円、〈5〉海外口座の投資信託の配当収入約8万円、〈6〉不動産賃貸収入約174万円を得たが、それにもかかわらず、上記〈2〉から〈6〉までの収入を除外し、現金で支給された〈1〉の金額が記載された源泉徴収票のみに基づいた確定申告書を作成提出し、もって、平成18年分及び平成19年分の所得合計約3億4,892万円（〈3〉の譲渡収入から取得原価等を控除した、分離課税による株式等に係る譲渡所得約2,345万円を含む。）を秘匿し、所得税合計約1億3,221万円を免れたとして起訴された事案であるが、判決は無罪であった。原審東京地裁平成25年3月1日判決（判例集未登載）も無罪。判例評釈として、林仲宣＝谷口智紀・税弘62巻7号152頁（2014）。
[28]　ストック・ユニットについては、水野忠恒「ストック・ユニットに係る課税関係―

契約ないしこれに基づく権利をいい[29]・[30]、被付与者が、付与後一定の要件を満たしている場合に、ストック・ユニット1個につき1株の発行会社株式を被付与者に支払うというものである。

3 金銭交付型報酬

　上記株式交付型の報酬のほか、金銭交付型の報酬もある。

　ファントム・ストック、パフォーマンス・キャッシュ、SARはその例である。これらはいずれも、一定期間経過後に株式相当額の金銭を交付する（ファントム・ストック）か、中長期の業績目標の達成度合いに応じた金銭を交付する（パフォーマンス・キャッシュ）か若しくは一定期間経過後の対象株式の市場価格からあらかじめ定められた価格を上回っている場合にその差額部分の金銭を交付する（SAR）かによって、仕組みは異なるものの、いずれも先々の業績に連動させようとする中長期的インセンティブ報酬の一種であるといえよう（**図表 - 12**）。

わが国における争訟事例の検討」租税研究792号167頁（2015）、同「企業会計における実現主義と租税法における所得の実現との交錯について—ストック・ユニットの事例をもとにした権利確定主義と所得の実現に関する詳論」租税研究794号40頁（2015）、同「ストック・ユニットに係る課税関係—権利確定に関する事案の検討を中心に」国際税務35巻11号88頁（2015）など参照。

[29]　東京高裁平成28年4月14日判決（判例集未登載）、東京地裁平成28年1月21日判決（訟月62巻10号1693頁）、東京地裁平成27年10月8日判決（税資265号順号12737）、東京地裁平成27年9月30日判決（税資265号順号12728）参照。

[30]　また、ストック・アワード(Stock Award)も類似の性質を持つ。ストック・アワードについては、大阪地裁平成20年2月15日判決（訟月56巻1号21頁）及びその控訴審大阪高裁平成20年12月19日判決（訟月56巻1号1頁）がある。判例評釈として、増井良啓・ジュリ1441号139頁（2012）、森稔樹・速報判例解説6号〔法セ増刊〕319頁（2010）など参照。

●図表-12

株式交付信託	ストックオプション
・報酬相当額を信託に拠出し、信託が当該資金を原資に市場等から株式を取得した上で、一定期間経過後に役員に株式を交付。 ・設計によって、事後交付型リストリクテッド・ストック又はパフォーマンスシェアに該当。	・自社の株式をあらかじめ定められた権利行使価格で購入する権利（通常型ストックオプション）。 ・また、権利行使価格を低廉な価格とする株式報酬型ストックオプション（1円ストックオプション）もある。

金銭報酬

ファントム・ストック	パフォーマンス・キャッシュ	SAR (Stock Appreciation Right)
・仮想的に株式を付与し、一定期間経過後に株価相当の現金を役員に交付。	・中長期の業績目標の達成度合いに応じて、金銭を役員に交付。	・一定期間経過後の対象株式の市場価格があらかじめ定められた価格を上回っている場合に、その差額部分の金銭を交付。

（出典）「導入の手引」16頁

4 平成29年度法人税法改正

　法人税法上、これらの報酬に関する損金算入については、2種類の取扱いを確認することができる（図表-13参照）。すなわち、図表-13において「①類型」とは、一定の時期に確定した金額又は数の株式を交付する役員報酬をいう。これは、原則として所轄税務署長への事前届出が必要とされている（法法34①二）。次に、「②類型」とは、業績（利益、売上高、株価等）に連動した金銭、株式等を交付する役員報酬の類型である。報酬諮問委員会への諮問や有価証券報告書での開示等の手続が必要とされる（法法34①三）。

報酬の種類	報酬の内容	交付資産	損金算入可否	
			平成29年度 改正前	平成29年度 改正後
在任時				
特定譲渡 制限付株式	一定期間の譲渡制限が付された株式を役員に交付。	株式	可能	可能（①類型）
株式交付信託	会社が金銭を信託に拠出し、信託が市場等から株式を取得。一定期間経過後に役員に株式を交付。	株式	不可	可能（①類型又は②類型）
ストックオプション（SO）	自社の株式をあらかじめ定められた権利行使価格購入する権利（新株予約権）を付与。	新株予約権	可能	可能（①類型又は②類型）
パフォーマンス・シェア（PS）	中長期の業績目標の達成度合いに応じて、株式を役員に交付。	株式	不可	可能（②類型）
パフォーマンスキャッシュ	中長期の業績目標の達成度合いに応じて、現金を役員に交付。	金銭	可能（単年度で利益連動の場合のみ。一定の手続が必要）	可能（②類型）
ファントム・ストック	株価相当の現金を役員に交付。	金銭	不可	可能（②類型）
ストック・アプリシエーション・ライト（SAR）	対象株式の市場価格が予め定められた価格を上回っている場合に、その差額部分の現金を役員に交付。	金銭	不可	可能（②類型）
退職時				
退職給与	退職時に給付する報酬	金銭・株式・新株予約権	可能	可能（業種連動の場合は②類型の要件を満たすことが必要）

（出典）「導入の手引」34頁

V 社外取締役の役員給与課税

　ここまで、平成28年度及び同29年度税制改正や経済産業省の示す指針も踏まえ、種々のインセンティブ報酬を確認してきた。インセンティブ報酬の多様化と柔軟な取扱いは、コーポレートガバナンスの充実に資するものと期待されよう。とりわけ、近年、コーポレートガバナンスの観点から社外取締役を選任する会社が増加しているが、インセンティブ報酬は有能な社外取締役確保に欠かせないものである。ここでは、社外取締役に焦点を絞り、社外取締役に関する役員給与課税を検討する。

1 平成26年及び令和元年会社法改正概観

　従来、我が国においては、社外取締役が選任されていなかったり、又は社外取締役がいたとしても形骸化しているといったケースが多く、そのことが企業の不祥事事例の頻出に関係を有するのではないかとの視角から、社外取締役や独立取締役の義務化議論が高まりを見せていた※31。

　そこで、平成26年の会社法改正により、社外取締役については、従前のそれと比較して相当程度社外性が担保された者が選任されるべく、社外取締役要件の厳格化が図られた。

　具体的には、親会社の関係者は子会社の社外取締役になれず、兄弟会社の業務執行者も他の兄弟会社の社外取締役になることができなくなった。また、取締役をはじめとし、執行役・支配人その他の重要な使用人、又は支配株主の配偶者又は2親等内の親族も社外性を否定されたのである。

　かように社外取締役の選任基準について、厳格な要件が求められることとなったのであるが、他方で当該要件に係る対象期間については原則

※31　坂本三郎「会社法制に関する今後の動向」商事2021号17頁（2014）など参照。

10年との限定が設けられることとなり、期間の面では緩和されることとなった。これは、過去に当該会社等の指揮命令に服したことがある者であっても、10年という期間を経れば、再び選任される途を開くことで有能な人材が排除されないように配慮したものといえる。すなわち、この期間は、社外取締役の制度趣旨に反しない程度で認められた期間と考えるべきであろう。

　なお、併せて、同制度の促進のため、社外取締役を置かない場合の説明義務を課す一方で、監査等委員会設置会社という新しい組織設計を用意し、会社の負担軽減も図られた。そして、上述の令和元年会社法改正によって、金融商品取引法の適用会社である監査役設置会社（公開会社かつ大会社に限る。）に、社外取締役の選任が義務付けられることとなった（会社327の2）。なお、社外取締役を選任しなかったときは、取締役等は、過料に処されることとなっている（会社976①十九の二）。もっとも、東京証券取引所が、平成27年に、上場企業にコーポレートガバナンス・コードを適用し、独立社外取締役を2人以上選任するよう求めていたこともあり、既に東証上場企業の97.7％が社外取締役を置いているという実態がある[32]。そのような観点からすれば、今般の会社法改正は、法が実態に追いついただけともいえるが、法的な義務として社外取締役の選任が求められることとなった意義は大きいと評価すべきであろう。

2 社外性と独立性

　ところで、一般的に社外取締役に求められるといわれる「社外性」と「独立性」とはいかなる意味を有しているのか、簡単に検討を加えてみたい。

----

[32]　平成30年8月1日付け東京証券取引所「東証上場会社における社外取締役の選任状況及び『社外取締役を置くことが相当でない理由』の傾向について」3頁。

(1) 社外性

　旧会社法においての「社外性」とは、当該会社と子会社を一括りとして、その境界線の内外であるか否かにより判断されていた。すなわち、旧会社法は、業務執行者からの支配の有無の観点から「社外性」を定めてきたともいえ[33]、親会社や兄弟会社、代表者の近親者などは、必ずしも業務執行者から支配を受けるわけではないとして、当該会社と子会社の括りの外にいる社外の者と扱われてきた。

　この点が独立性の問題として指摘されるに至り、既に述べたとおり、平成26年の会社法改正により、親会社や兄弟会社の関係者や、自社の取締役等の配偶者又は2親等内の親族でない旨が追加されたのである。したがって、同年改正後の会社法においては、当該会社と子会社のみならず、親会社、兄弟会社、そして一定の親族をも一括りとされることになったのであって、社外性の判断に係る境界線は大きく広がったといえよう。

(2) 独立性

　独立性ないし独立という概念を会社法は条文の中に用いてはいないものの、社外性の議論においては「独立性」も含意されているとみてよいのではないかと思われる（反論あり）。既述のとおり、平成26年改正会社法は、ある取締役が社内取締役であるか、それとも社外取締役であるかの判断の境界を、当該会社と資本関係のある会社又は代表者等の親族等であるか否かに置いている。もっとも、ここではその者の「社外性」の判断がされているのみであって、経営陣との利害関係がないこと等の「独立性」の判断がされているわけではないという指摘もあろう[34]。このように解すると、会社法上の社外性要件を満たしていても、独立性を

---

[33]　藤田友敬「『社外取締役・取締役会に期待される役割―日本取締役会協会の提言』を読んで」商事2038号6頁（2014）。

[34]　豊田祐子「独立取締役をめぐる主な論点」商事1901号37頁（2010）参照。

満たしていないことがあり得るのではなかろうか。以下では、この「独立性」について検討してみたい。

イ　社外取締役の独立性

　社外取締役に社外性のみならず独立性も求められるべきなのか否かを考えるに当たって、社外取締役には、経営全般の監督機能及び利益相反の監督機能の2つの機能が求められている点を想起したい。

　この監督機能が社外取締役に求められる理由は、社内取締役にはお手盛り報酬の問題に代表されるように、その監督機能を期待し難い状況があるからであるといえよう。取締役会内における各取締役の相互チェックの際に適切な相互監督機能が働かないおそれが強いとすれば、コーポレートガバナンスの観点からみて大きな問題であろう。伝統的な会社経営スタイルでは特にそうした弊害が生じやすい[35]。したがって、社外取締役に求められる独立性とは、基本的には社内取締役に期待できない、対会社ないしは対会社代表に対しての独立性であると解される[36]。なお、独立的な立場にある社外取締役が保護すべきとされている利益とは、例えば大株主と少数株主間での利害が衝突する場合等に、必ずしも少数株主の利益を保護すべきことを意味するものではないと解される[37]・[38]。

----

[35]　この点、山田秀雄氏は「自分を取締役に選任してくれた、いわば恩義ある存在である代表取締役を監督監視することは言説としては十分成立しうるし、心の持ち方一つといった説明で解決することは可能であるが、現実に発生する企業不祥事を分析すれば、経営支配に対し機能しなかった取締役会の存在が浮上してくることは疑いがない。」とされる（山田「株式会社における社外取締役の役割について―実務的視点からの一考察―」大野正道先生退官記念『企業法学の展望』216頁（北樹出版2013））。

[36]　もちろん、ほかにも大口株主に対しての独立性等も考えるべき点ではあるが、ここでは、基本的に対会社ないしは対会社代表に対しての独立性に焦点を絞ることとする。

[37]　豊田・前掲[34]、41頁参照。

[38]　そのほか、社外役員の独立性について、木村敢二ほか「社外役員にかかる実務対応〔上〕―株主総会関係書類の記載に向けた取組み―」商事1981号32頁（1981）以

ロ　独立性及び独立性保持の要件

　では、何をもって独立性を評価すべきであろうか。ここでは、いくつかの観点から「独立性」を検討したい。

(イ)　非利害関係者としての独立性

　神作裕之教授は、社外取締役が経営に対して客観的な評価を行うためには、「業務執行から離れている必要があるとともに（非業務執行性）、経営陣との間に重大な利害関係が存在しない（独立性）ことが必要であるという考え方がある。」と述べられる[39]。このように、独立性の第一は、監督の対象との利害関係がないことが大前提であるといえるであろう。他方、尾関幸美教授は、アメリカ法の考察などを基に、「ここで求められている社外取締役の独立性の要件とは、『利害関係を有しない』ということと『独立性』の2つである。前者は、特定の取引行為に関し、利害関係を有しないことを、後者は、経営者から経済的、社会的、心理的な影響を受けないことをそれぞれ意味する。」とされる[40]。そこでは、会社又は代表者等に対し特別の利害関係を有しないことを独立性判断のメルクマールとして位置付けられる。その上で、また、「経済的、社会的、心理的な影響を受けないこと」という意味での独立性についても指摘される。これら二重の独立性は、報酬の多寡や、取締役会の全体数における社外取締役の人数の割合、また、任期の観点などから更に分解できると思われるが、ここでは、責任の問題に焦点を当てることとしたい[41]。

下を参照。

[39]　神作裕之「取締役会の実態とコーポレート・ガバナンスのあり方―『会社法下における取締役会の運営実態』を読んで―」商事1873号23頁（2009）。

[40]　川口幸美（尾関幸美）『社外取締役とコーポレート・ガバナンス』175頁（弘文堂2004）。

[41]　この点について、酒井克彦「新会社法の下における社外取締役の社外性と独立性―所得税法上の給与所得該当性判断に対する問題関心を契機にして―」丸山秀平ほか編『企業法学の法理と体系』〔永井和之先生古希記念論文集〕340頁（中央経済社2016）参照。

(ロ)　責任の所在と独立性

　株式会社とその取締役との間の関係は、一般に民法上の委任契約（民643）に従って結ばれている（会社330）ため、受任者たる取締役は、その職務を遂行する上で善管注意義務（民644）を負うことになる。会社法は善管注意義務について直接触れてはいないが、それを具体的に明示したものとして、同法355条《忠実義務》が用意されていると解されている[42]。

　かような取締役の有する一般的な責任については、社内取締役、社外取締役の如何によらず同一の責任を負うものとされており、取締役がその任務を怠ったことにより会社に損害を与えた場合にはその損害を賠償する責任を負うことになり（会社423①）、また第三者に対する損害賠償責任の規定も適用されることがある（会社429）。

　社外取締役は業務執行には関与しないため、その職務とは、取締役会への出席や業務執行者への質問等を通じた職務執行の監督ということになる。したがって、この監督という職務を怠った場合には、上記のような責任が生じ得ることになるが、もっとも、「経営判断の原則」や「信頼の原則」の適用はあろう。すなわち、善管注意義務を尽くしたか否かの判断において、情報収集手続や事実認識、また判断の決定手続やその内容において「著しい不合理」がないのであれば、善管注意義務を果たしたものと判定されることになる（経営判断の原則）[43]。また、経営判断の原則を適用するに当たり、他の取締役等を監視・監督する場合、「リスク管理体制が十分に整備されているならば、他の取締役・使用人の業務執行に問題があることを知るかまたは知ることが可能であるなどの特

※42　江頭憲治郎『株式会社法〔第6版〕』430頁（有斐閣2015）参照。

※43　経営判断の原則について示した判例として、例えば、いわゆるアパマンショップホールディングス事件最高裁平成22年7月15日第一小法廷判決（集民234号225頁）、いわゆるそごう事件東京地裁平成16年9月28日判決（判時1886号111頁）など参照。なお、伊藤丈文「経営判断の原則」野村修也ほか編『実務に効くコーポレート・ガバナンス判例精選』〔ジュリ増刊〕70頁以下参照。

段の事情がない限り、この体制を信頼することにより、善管注意義務を免れることができる」とされている[44]（信頼の原則[45]）。

社外取締役はあくまで会社外部の人間であり、社内取締役に比べれば当該会社内部や業界の事情に疎いのは無理もないことであるから、社外取締役の責任追及の場面では、社外者であることや業務執行者でないことなどが考慮されることになろう。したがって、責任追及の場面においては、取締役会の上程事項について、会社代表者や業務執行者の合理的な手続・審議等がなされているか、通常の経営者の経営上の判断として著しく不合理でないかという基準から検討し、他の取締役の職務執行が違法であることを疑わせるような特段の事情がある場合には、例えば、監査役への報告等といった適切な措置[46]を採れば、自らの職務を果たしていると判断されることになる。

こうした、会社の外部者であることを考慮した責任判断の構成は、社外取締役の心理的な独立性を担保するためにも重要であると思われる。

3 租税法上の「給与」該当性

(1) 問題関心

所得税法上の給与所得は、「雇用関係またはそれに類する関係において使用者の指揮・命令のもとに提供される労務の対価を広く含む観念であり、非独立的労働ないし従属的的労働の対価と観念することもできる」と理解されている[47]。他方、法人が支払った役員給与が損金に算

---

[44] 石山卓磨『会社法改正後のコーポレート・ガバナンス』28頁参照（中央経済社2014）。

[45] 信頼の原則については、例えば、いわゆるヤクルト株主代表訴訟事件東京高裁平成20年5月21日判決（判タ1281号274頁）など参照。なお、村木和夫「信頼の原則」野村修也ほか編『実務に効くコーポレート・ガバナンス判例精選』〔ジュリ増刊〕103頁以下参照。

[46] 石山・前掲[44]、153頁。

[47] 金子宏『租税法〔第23版〕』242頁（弘文堂2019）。

入されるための基礎的な整理としては、かかる支払が利益処分としての性質を有していないという点を挙げることができる。

このことは、租税法上の「給与」該当性を考えるに当たっていかなる意味を有するのであろうか。

(2) 所得税法上の「給与所得」該当性

所得税法上の給与所得該当性の議論においては、非独立的性質（非独立性要件）と従属的性質（従属性要件）のいずれに重点を置くかについて議論の分かれ得るところである。給与所得該当性については、いわゆる弁護士顧問料事件最高裁昭和56年4月24日第二小法廷判決（民集35巻3号672頁）[48]が、「給与所得とは雇傭契約又はこれに類する原因に基づき使用者の指揮命令に服して提供した労務の対価として使用者から受ける給付をいう。なお、給与所得については、とりわけ、給与支給者との関係において何らかの空間的、時間的な拘束を受け、継続的ないし断続的に労務又は役務の提供があり、その対価として支給されるものであるかどうかか重視されなければならない。」と説示しているが、かかる説示を出発点として給与所得該当性を従属性要件でみるべきとする見解がある[49]。これに対して、前述のいわゆる親会社ストックオプション訴訟最高裁平成17年判決が、「本件権利行使益は、雇用契約又はこれに類する原因に基づき提供された非独立的な労務の対価として給付されたものとして、所得税法28条1項所定の給与所得に当たるというべきである。」として、従属性の要件の充足についてはきわどいながらも、

※48 判例評釈として、碓井光明・判時1020号156頁（1982）、清永敬次・民商85巻6号113頁（1982）、園部逸夫・曹時35巻4号137頁（1983）、原田尚彦・昭和56年度重要判例解説〔ジュリ臨増〕49頁（1982）、玉國文敏・租税判例百選〔第3版〕52頁（1992）、高野幸大・租税判例百選〔第5版〕67頁（2011）、奥谷健・租税判例百選〔第6版〕72頁（2016）など参照。

※49 酒井克彦「所得税法の給与所得と『従属性』―東京高裁平成25年10月23日判決（平成25年（行コ）第224号源泉所得税納税告知処分取消等請求控訴事件）を素材として―（上）（下）」税務事例46巻1号1頁、同2号1頁（2014）参照。

非独立性による判断を示したことなどを基礎に給与所得該当性を非独立性要件でみるべきとする見解がある[※50]。後者の見解は、そもそも、取締役等の役員の報酬や国会議員の歳費が給与所得に該当することの説明が従属性要件では説明がつかないなどと主張しており、ここで取り上げる問題関心に親和性を有するものであるといえよう。

●図表 - 14

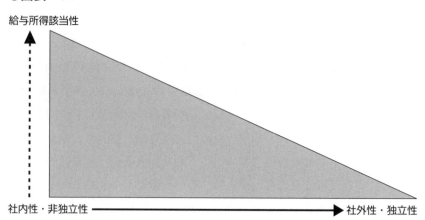

取締役については、従属性要件で給与所得該当性を説明することに一定の困難がある反面、非独立性という点で微妙に給与所得該当性の要件を乗り越えてきたといえよう[※51]。なお、退職所得も給与所得と同様、給与に対する所得区分であるが、社内性が途切れたところで、「退職」概念を取り扱うという考え方がこれまで支配的であったと思われる。これなども、社外性という観念に関連性を有する議論であろう。

　会社法における社外取締役の独立性を重視することは、課税要件とし

※50　佐藤英明「『給与』課税をめぐるいくつかの問題点」税務事例研究79号39頁(2004)
　　　など参照。
※51　行政裁判所昭和6年10月20日判決（行録42輯926頁）、同裁判所昭和7年5月7
　　　日判決（行録43輯408頁）、同裁判所昭和13年10月18日判決（行録49輯763頁）
　　　などは、それを説明する素材となり得るのかもしれない。

て給与所得から外れる方向を意味し、また、社外取締役の社外性を重視することは、給与所得非該当性の間接事実として働き、給与所得から離脱していく方向を意味すると思われる。その際、上記の社外性の要素たる事実の認定如何によっては、給与所得に該当しない場面もあり得ると考えるべきではなかろうか。

(3) 法人税法上の役員給与該当性

　役員賞与と一般使用人に対する賞与の相違を論じたものとして、岡山地裁昭和33年9月22日判決（行集9巻9号1940頁）[52] は、「そもそも役員賞与とは、あらかじめ定められた報酬とは別に企業経営によりあげ得た業績に対する報償として会社利益を勘案して所定の手続きを経て利益金より支出されるべきものであって、いわゆる益金処分に当たり必要経費たる性質をもつものではなく、少なくとも現在の経済状勢下においては給与の補給的性格を有する従業員賞与とは自ら区別して考えられなければならない」とし、役員と従業員の賞与の差異について判示している。

　また、福岡地裁昭和34年11月27日判決（行集10巻11号2190頁）[53] は、「一般使用人は提供された労務に対する報酬であるのに対し、役員賞与は獲得された利潤に対する報奨であって、両者はその本質を異にし、前者は提供された労働力の価値が商品の価値に転化されたものとして総損金の一部とみなされ必要経費に算入されるのに対し、後者は利益をあげた功労に報いるものとして営業活動から得られた価値の増加である総益金からの控除部分とみなされた利益処分に加えられるものである」と判示している。

　法人税法34条の形式的適用を念頭に置く必要はあると思われるが、

---

[52]　これは、小規模会社の代表者等に対する役員賞与は、従業員がすべき一般事務に対する使用人賞与であるとの訴えが否定された事例である。

[53]　これは、専務理事兼総務部長の使用人兼務性が争われ、同人に対する賞与の損金算入が否認された事件である。

本質的には、役員に対する報酬（役員給与）が同法22条3項2号にいう「費用の額」とされるためには、それが利益処分ではないことが前提とされるところ、かかる役員の独立性が高まり、社外性が担保されている場合にはその費用性が肯定される余地は高まるというベクトルが認められるであろう。

●図表-15

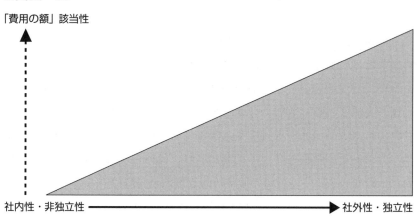

(4) **小括**

　平成26年の会社法改正において、そもそも社外性が否定され社外取締役になれなくなった者もいる。例えば、親会社又は兄弟会社の業務執行者等や、当該会社や子会社の業務執行者等の近親者などは、同改正により社外性が認められないこととなった。したがって、この点に限れば、会社法でも社外性の判断という形で、一部の独立性は担保できるようになっているといえるであろう。すなわち、新たに会社法が設けた「社外性基準」と、ここでは詳述することができなかったが、東証上場管理等に関するガイドラインにおける「独立性基準」においてバッティングすることとなった者については、上場企業のみならず非上場企業においても、会社法上の社外性判断というスクリーンを通じて、独立性に

関する判断も行われることになるといえよう。平成26年改正により、従来の規定と比較すれば、かなり厳格に会社法において社外性要件が定められるに至ったことは既述のとおりである。この点に鑑みれば、給与所得該当性に係る要件論に相当のインパクトを与え得る改正であったといい得るのではなかろうか。

Ⅵ　結びに代えて

　本節では、我が国における近時のインセンティブ報酬を確認した上で、特に社外取締役に注目をしてその役員給与課税を考えてきた。インセンティブ報酬については、その利用によるコーポレートガバナンスの充実が期待されている一方で、例えばアメリカでは、経営者が短期的な収益増により株価を引き上げ、莫大な株式関係報酬を得るなどの現象が日常的にみられる。かような意味では、インセンティブ報酬制度は、コーポレートガバナンスにとって、必ずしも万能なものであるとはいいづらく、その他、フリーキャッシュフローを減らす方向での取組みや[54]、メインバンクによるモニタリング制度の拡充（エントレンチメント（Entrenchment）[55]の影響をいかに排除するかという問題をも含めて）、事業部門の切り離し（スピン・オフ）などの総合的対応によって実効性が高められ

---

[54] フリーキャッシュフローを多額に発生させればさせるほど、株主と経営者との利害調整は深刻になることをハーバード大学のマイケル・ジェンセン教授が指摘されている（Jensen, Michael C, "Agency Costs of Free Cash Flow, Corporate Finance, and Takeovers," American Economic Review, 76323(1986)）。

[55] エントレンチメントとは、経営者が銀行と結託することによって、経営実態を外部に対して隠蔽し、経営に対する株主からの責任追及を免れようとする状態をいう。経営者は、銀行から多額の融資を受けることで、企業価値の最大化には直接には結び付かない投資を過剰に行ったとしても、エントレンチメントが働き経営責任が追及されにくくなる状態が発生することが、ハーバード大学のシュライファー教授らによって指摘されている（Shleifer, Andrei and Robert W. Vishny (1989), "Management Entrenchment : The Case of Manager-Specific Investments, "Journal of Financial Economics, 25, 123.）。

るものであることはいうまでもない。

　さりとて、一定の限界はあると思われるものの、上記のとおり、中長期的インセンティブ報酬に関する租税法上の取扱いが明確になり、支給者側の損金算入が担保されることは、我が国において、かかる報酬制度の導入促進になると期待される。もちろん、今後の動向を見ないことには確かなことはいえないが、昨今の税制上の取扱いの整備は、コーポレートガバナンスの充実に大きな一歩を踏み出したものと評価することができるのではないかと思われる。

［酒井　克彦］

5 企業の社会的責任と適正納税・租税行政への協力

I 問題関心

　企業の社会的責任（Corporate Social Responsibility：以下「CSR」ともいう。）については、「企業組織と社会の健全な成長を保護し、促進することを目的として、不祥事の発生を未然に防ぐとともに、社会に積極的に貢献していくために企業の内外に働きかける制度的義務と責任」[※1]とか、「企業倫理に根差したものであり、すべての企業活動において法的責任を果たすだけでなく、併せて経済的責任、制度的責任、自由裁量的責任（社会貢献）をも果たすことにより、よき企業市民を目指す活動であり概念である」[※2]などと説明されることがあるように、社会貢献や倫理という観念とともに語られてきた概念であるといえよう。

　CSRというと、例えば、中村久人教授によると、①企業のステークホルダーとの関係の中でのCSR、例えば、株主への透明性の確保、顧客へのサービスや商品の安全性、従業員への採用・昇進の公正さや働きやすさ、地域づくりへの協力、環境への配慮（環境管理、リサイクル・システムの徹底）など、②社会的事業や社会的な商品等開発に関する関係の中でのCSR、例えば、政府行政が対応していた領域での不十分な対応に対する新しい発想による社会的事業や社会的な商品等の開発（環境配慮型商品、高齢者支援サービス、エコツアーなどの開発）、③企業の資源を活用した地域支援活動に関する関係の中でのCSR、例えば、企業の社会貢献活動や企業市民活動などが挙げられる[※3]。

　しかしながら、管見するところ、必ずしも納税義務の適正な履行と

※1　水尾順一＝田中宏司編著『CRS マネジメント』9頁（生産性出版2004）。
※2　中村久人『グローバル経営の理論と実態』238頁（同文館出版2010）。
※3　中村・前掲※2、239頁。

か、租税行政への積極的な情報提供などといった面での社会貢献のような文脈での議論は十分でないように思われる。「税務コンプライアンス」については、これに抵触した場合に課税処分を通じて企業レピュテーションの毀損を惹起するとの危惧から、我が国においてもコーポレート・ガバナンスの一環として組み込むべきという意見が岩﨑政明教授から発信されるなどしているが[4]、この点の議論が必ずしも充実しているとまではいえそうにない。

そこで、本節では、CSRとしての適正納税や租税行政への協力について考えてみたい。

II　企業の社会的責任の理論的根拠

① 所有権絶対の法則には制限がある〜CSRと法人制度

高巖教授は、CSRの理論的根拠について論じる上で、興味深い例を取り上げる[5]。それは、ある団体（組合）が虎の所有をしていたとする仮定の話である。かかる団体（組合）には権利義務能力がないことから、数名の所有者が虎の管理についての無限責任を負うことになる。これに対して、株式会社である製薬会社の株式をある人が所有していたとしよう。当該会社には権利義務能力があることから、会社の所有者である株主は出資の範囲内で責任を負うのみで、無限責任から解放されることになる（有限責任）。すなわち、会社とは、いわば責任を回避するための装置としての意味を有することになるというわけである。これは、株式所有権によって責任が制限されると考えるものであるが、虎の所有に関する責任と製薬会社の株式所有に関する責任の違いはここにある。換言すれ

※4　岩﨑政明「企業のタックスコンプライアンス向上のための方策：その目的、内容、期待される効果について」税大ジャーナル27号1頁（2017）。
※5　高巖「なぜ企業に社会的責任が求められるのか」同＝日経CSR プロジェクト『CSR 企業価値をどう高めるか』24頁（日本経済新聞出版社2004）。

ば、所有していた虎が逃げ出して近隣の人に被害を与えたとすれば、所有者たちは無限責任を負うのに対して、製薬会社が何か公害を引き起こしたとしても、株主は出資の範囲内での責任を負うにとどまるのである。

　さらに、虎の所有者が負うのは、かかる虎による被害に対する賠償義務だけではない。虎の所有者が虎を飼うことを近隣住民に説明する義務や、そもそも、所有者自身が信頼に足る人物であることが同地域において認められていなければならないであろう。その所有者は地域に溶け込み、地域にとってなくてはならない人物であることが要求されているといってもよい。かような社会的責任を果たしてこそ、地域に認められる「虎の所有者」となり得ることになる[6]。

　企業の所有者たちは、「自然人」に対して求められるこうした法的・社会的責任を、全て「法人」に転嫁してしまったのであるから、企業は必然的に、これらの責任を負わなければならないということになる[7]。もし、法人が負うべき責任は株主利益の最大化であるという理解が社会的に支持され、上記のような責任論を否定することとなれば、株主に与えられた有限責任というセーフガードを外さなければならなくなる。法人制度を維持するためには、明白な責任の空洞化につながり得る社会的責任否定論を展開することはできないのである。

　企業は金融機関や取引関係者との間で、融資や信用取引を行っているものの、その相手方からすれば、法人の責任制度を知っているから、最終的に法人の株主は無限責任を負わないということを織り込んだ上で取引に応じている。しかしながら、製薬会社の近隣の人々は、そのようなことを承認した上で、近隣での事業活動を承認しているとは限らない。むしろ、承認していないことの方が多いであろう[8]。

※6　高・前掲※5、24頁。
※7　高・前掲※5、24頁。
※8　地域社会におけるCSR論として、小野桂之介「地域社会に貢献する経営」高巖＝日経CSRプロジェクト『CSR企業価値をどう高めるか』195頁（日本経済新聞出版社 2004）。

これは近隣住民だけの話ではない。企業活動が大きくなれば、その近隣としてみるべき地域的な拡張も考える必要があるし、社会的影響力が増えれば社会全体がその企業の事業活動について関心を持つであろうし、環境問題や人権問題に対する関心も高まることになる。企業活動が及ぼす環境問題が社会全体の健康問題にも接続するのである[9]。このような環境問題や社会的影響は租税に関しても同様である。もはや地理的な近接性だけでは語れないほど、企業活動の影響は大きいものであるといわざるを得ない。

　しかしながら、それでも株式会社制度において株主は有限責任しか負わないこととされている。そのように考えると、なおのこと法的責任のみならず、法人に対して強く社会的責任を求めるべきことになろう[10]。

　ここに、社会的責任を負うという形での企業に対する社会貢献の要請が働くのである。

② 市場万能主義には制限がある～自由な経済活動の許容と企業の社会的責任

　アダム・スミス（Adam Smith）の「神の見えざる手」とは、スミスの道徳哲学体系の中で構築されたものである。すなわち、彼は、「いかにすれば、社会の秩序や社会的正義は実現されるのか」という基本的な問いを前提とした議論を展開したのである。スミスは、万有引力の法則のごとく、人間社会にも、各人が保有する「力」があると考えた。この「力」とは、各人が他人の立場に自らを置き換え、自らの行動の妥当性を評価する能力のことをいう[11]。各人はこの「力」を用いて、自らの行動が相手にとって脅威と感じられるか、あるいは相手より感謝される

※9　環境問題におけるCSR論として、青木修三「CSRは地球を救うか―地球は最大のステークホルダー」高巖＝日経CSRプロジェクト『CSR企業価値をどう高めるか』213頁（日本経済新聞出版社2004）。

※10　高・前掲※5、26頁。

※11　高・前掲※5、29頁。

かを判断するところ、脅威と感じればかかる行為を慎み（この行動を「正義の徳」という。）、感謝されると判断すればかかる行為を率先して行う（この行動を「慈善の徳」という。）とした。そして、「慈善の徳」による行動がなされないとしても、社会の秩序が乱されることはないのに対して、「正義の徳」を各人の自主性に任せておくと身勝手な行動が横行し、社会が混乱する可能性があるから、これは法律及び政治が介入して強制する必要があるとした。しかし、正義の徳については、経済的に豊かになれば犯罪は減るという実証研究を前提として、社会秩序を維持するためには、倫理よりも法や政治、法や政治よりも経済が豊かになることを重要視した。では、経済が豊かになるために必要なことは何か。それは「努力した者が報われる社会」の実現であり、政治は市場に介入しないことが重要となる。介入をできるだけ小さくし、より多くの自由を市民に与えれば、各人は自己の利益を追求しながらも他者の必要を満たし、結果として国家そのものを豊かにすると考えた。これにより、各人が努力に報われることとなり、社会的正義も実現できると説いたのである。

　しかしながら、社会が経済的に豊かになるという捉え方は、富裕者と貧困者との関係に目配りができていないかもしれない。例えば、功利主義者のジェレミー・ベンサム（Jeremy Bentham）は「最大多数の最大幸福」が重要であり、個々人の満足の総和を高めることが公共としての善であるとしたが、これでは、貧困者の犠牲の下での経済活動を肯定することになりかねない。これに対して、ジョン・ロールズ（John Bordley Rawls）は、社会において能力ある者（有利な者）がその能力を発揮することで、社会の最底辺にいる弱者（不利な者）の状態が改善されるならば、それを前提として有利な者が更に富を増大させたとしてもそれは許容されるとした※12。自由な経済活動が「社会全体の状態」ではなく、

※12　高・前掲※5、34頁。

「最も不利な立場にある社会的弱者の状態」を改善する限りにおいて、自己利益の追求は正当化されるとしたのである。

　しかしながら、このような考え方にも疑問は寄せられている。それは、不利な者の状態をわずかでも改善するならば、有利な立場にいる者はどんなに多くの富を得ても構わないという極論を支持しかねないという反論である[13]。

　市場万能主義に対する疑問はこの辺りにあるといってよかろう。

3 　法人公器論

　河口真理子氏は、「法人とは、法律上一定の人格が与えられ、永続的に活動することを、社会に承認された組織である。そして承認されるには、法人に社会的な価値・必要性があることが大前提となる。つまり、『社会的・公共的な価値・意義があるために社会に一定の人権が認められ、永続的に活動することを許された組織』を法人ということになり、法人という組織は、根源的に公共的な側面を持っているのである。」とする[14]。この文脈では、「企業は、工場や事務所を構え、人を雇用し原材料を調達して、地域社会との関係を良好に保ちながら世の中に喜ばれる製品・サービスを提供し、収益を上げて、納税しながら、利益を株主に還元し、内部留保を技術革新や投資に充てて企業の持続性を高める、という事業活動を継続しなければならない。」ということになりそうである[15]。企業が存続していくためには利潤が不可欠であり、これは、いわば人間にとっての血液のようなものであるが、「人は血液のために生きているのではない」のと同様、利潤は企業を継続して行うための手

※13　高・前掲※5、34頁。

※14　河口真理子「財務数字だけでは測れない、本当のよい企業とは」高巖＝日経CSRプロジェクト『CSR企業価値をどう高めるか』48頁（日本経済新聞出版社2004）。

※15　河口・前掲※14、50頁。

段であって目的ではないという疑問が生じるところである。

　山城章教授は、企業の社会的責任には、「社会性責任」、「公益性責任」、「公共性責任」があるとし、社会性責任とは経営が社会の要求や期待に応える役割を果たすことと論じている[16]。また、水尾順一教授は、企業の社会的責任として、株主への配当、社員への賃金、国家への税金の納付といった経済的責任と、社員の働き甲斐のある環境の情勢や地域社会に対する住みやすさや便益の提供といった非経済的責任を論じている[17]。その他、これまで社会的公器としての企業論を説く論者は数多い[18]。

4　企業価値の向上

　現在、投資家の間では、CSRは経営上のリスクであり、企業価値の要素として無視できないと認識されるようになっている[19]。その結果、投資家の立場から、企業の社会性を考慮するSRI（Socially Responsible Investment：社会的責任投資）が注目されるようになってきている。SRIとは、広義では社会性に配慮したお金の流れ（投資と融資両方）を指すものであるが、一般的には、「投資判断の際に、従来の財務情報による判断に加えて、社会性の観点での評価を加味した投資手法」であると理解されている[20]。

　コンビニエンスストアの従業員がアイスショーケースに入った写真がSNSにアップされたことから[21]、当該店舗が社会的信用を失って倒産

※16　公益性責任とは、経営が利益を上げることでステークホルダーに便益を与えることであり、公共性責任は、社会に害を与えることをしてはならないということを指す（山城章『経営学』198頁（白桃書房1990））。
※17　水尾順一『マーケティング倫理』2頁（中央経済社2000）。
※18　梅澤正『企業と社会』346頁（ミネルヴァ書房2000）参照。
※19　河口・前掲※14、61頁。
※20　河口・前掲※14、59頁。
※21　かような行動心理について、田中俊之『男がつらいよ —絶望の時代の希望の男性学』43頁（KADOKAWA2015）参照。

したなどというケースは枚挙に暇がない。お笑い芸人の反社会的団体との付き合いについて社会的バッシングを浴び、かかる芸人が所属する芸能事務所が陳謝したという事例もあった。税金に関する問題も同様である（本章「1　税務コンプライアンス総論」参照）。同じ事務所に所属する別のお笑い芸人の所得税等の無申告が社会問題になったりした事例を想起すれば、脱税などが企業の社会的評価をダイレクトに失墜させることが判然とする。

　そこで、財務内容に対する観察において、CSRがいかなる意味を有するかについて考える必要があるが、短期的な目線からすれば、CSR対応に要する費用は企業におけるコストアップを意味することから、企業利益としてはマイナス要因であるが、SRIの考え方によれば、財務面ではマイナス評価として捉えられる項目も、ステークホルダーへの対応や配慮の面でプラス要因になるのである。例えば、通常のSRIの評価では、地球環境への配慮、従業員満足度、取引先との適正な取引といった項目が注目されることになる。エンロン事件以降は、コーポレートガバナンスも主要な関心事項となっているといえよう。

III　企業の社会的責任論（CSR）

1　CSR概観

　CSRが注目されるようになったのは、次の3つの要因が挙げられよう[22]。

　第一に、宗教的意味合いである。SRIは米国の教会で始まったという点から明らかである。

　第二に、社会運動である。社会運動家ラルフ・ネーダー氏（Ralph

※22　河口・前掲※14、59頁。

Nader）による「キャンペーンGM」が有名である。1970年のGeneral Motors Company（GM）の株主総会において、ネーダー氏は、取締役の多様性と、社会的責任についての監査・勧告を行う株主提案を提出し、最終的にはGMに黒人取締役の任務と公共政策委員会の設置を合意させた。株主総会が社会運動としての力を発揮する嚆矢となったといえよう。

　第三に、前述のとおり、企業価値の測定の部面において社会性の評価が必要とされるようになったという点が挙げられる。

　企業活動に注目する市民、評価する市民、かかる評価に基づいて行動を起こす市民がいて初めて、企業の社会的責任は担保されると考えると、CSRには2つの意味があるということになる（図表-16）[23]。

●図表-16

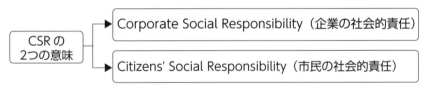

　高巌教授は、「『法令の抜け穴を探し、合法的に不適切な経営を行う』という姿勢が組織内に蔓延すれば、職員は、できるだけ巧妙に不公正な行為を繰り返すようになる」と指摘される。そして、「そうした職場では、自分の会社に誇りをもてず、矛盾を感じながら仕事に臨む人が増えることにな〔る〕」という。言い換えれば、「コンプライアンスを徹底するには、また組織内に遵法文化を醸成するには、どうしても倫理実践レベルにまで意識を高めなければならない」とする[24]。

　問題を積極的に公表する企業が社会の批判を受け、隠蔽している組織が社会の支持を得るとすれば、企業をして自らが抱える問題を隠蔽する

※23　高・前掲※5、37頁。
※24　高・前掲※5、38頁。

方向に向かわせることになろう。そこで、市民はこういった企業行動に関心を寄せて、単に発生した問題についてのみ注目をして企業批判をするのではなく、その問題が企業内部から発出されたものであるとすれば、単純に企業批判を行うべきではないという視角が重要視されることになる。これが、市民の社会的責任である。

　また、高教授は、企業が行う社会貢献活動に対する参加意識を有すること、活動を支援することも市民に求められる社会的責任であるとする[25]。フェアトレード商品を購入して企業の取組みを応援するなどの消費行動があれば、企業の社会貢献が実を結ぶことになるからである。

2　近時のCSR

　近時のCSRは、企業の行き過ぎた「利益優先志向」の是正という意味合いにとどまらず、むしろマネジメントそのものを進化・革新させる概念として位置付けられている。すなわち、先進的な企業の多くは、CSRをメセナやフィランソロピーにとどめず、広義の企業価値に結び付く活動として、経営の基軸の1つに据えはじめている[26]。

※25　高・前掲※5、43頁。
※26　リコー特別顧問の桜井正光氏は、「全員参加の環境活動と企業経営とは同軸」とし、キャノン会長の御手洗富士夫氏は、「私たちは、環境対策がコストではなく、収益に直結し資源生産性の最大化に貢献する、という信念をもっています。社会性と経営も切り離せませんから、あらゆるステークホルダーとの共生ができない企業は淘汰されると思います」とする（伊藤邦雄「CSRによるコーポレート・ブランド経営」高巖＝日経CSRプロジェクト『CSR企業価値をどう高めるか』272頁（日本経済新聞出版社2004））。

●図表-17

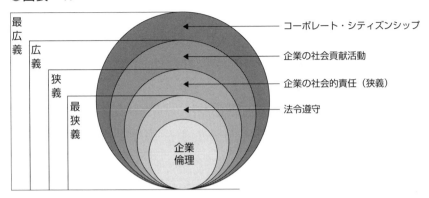

（出典）中村久人『グローバル経営の理論と実態』239頁（同文館出版2010）
を一部加工

　中村久人教授は、**図表-17**のように、CSRの概念図を示している[27]・[28]。

　図表-17が示すとおり、CSRの体系としては、基盤に企業倫理があり、そこに順次、法令遵守、企業の社会的責任（狭義）、コーポレート・シティズンシップが積み上がっているのではなく、企業倫理の基盤の部分が全ての活動につながっているという包摂的構造であるところに特徴があると捉える見解もある[29]。

3 戦略的CSR

　2010年11月にISO（International Organization for Standardization：国際標準化機構）が、「ISO26000社会的責任に関する手引」を発表した。

　この規格開発が検討されるようになった背景には、CSRへの関心が

※27　中村・前掲※2、239頁。
※28　高・前掲※5、37頁は、CSRには、狭義のコンプライアンス、倫理実践（広義のコンプライアンス）、社会貢献の3つのフェイズがあるとする。
※29　萩原道雄『企業倫理を考える — 日本の伝統文化から経営実践まで — 』70頁（八千代出版2012）。

世界的に高まるにつれて、CSRの統一規格が求められていたことがあるという※30。

　「社会的責任」という概念は企業を中心に発展してきたもので、それ自体は決して新しいものではない。しかしながら、90年代ごろからCSRが世界的な関心事になった背景にグローバル化がある。冷戦構造の終焉後、市場至上主義が瞬く間に広がり、経済のグローバリゼーションが急速に進展した。多国籍企業が巨大化する一方で、環境問題、低コストを求めて途上国に伸張するサプライチェーンの中での強制労働、児童労働などに代表される人権問題、貧富の格差拡大などが深刻化した。また、企業の不祥事も世界的に頻発した。そうした背景もあってNGOや消費者、株主などが企業行動への関心や監視を強めたこともCSR推進の大きなきっかけとなった。企業には、財務面だけでなく、社会や環境に対する責任が強く求められ、企業経営にとってもCSRは重要なテーマとなったといえよう※31。

※30　「『CSRとCSVに関する原則』の提言～ ISO26000の視点から～」前文（一般社団法人CSOネットワークHP：https://www.csonj.org/csr-csv/pdf/csr-csv.pdf〔令和2年6月1日訪問〕）。

※31　90年代半ば頃から、社会や環境に対して責任ある企業行動を推進するために、企業の内外で行動規範や規格を制定する動きが加速化した。その中でも、国連機関は比較的早い時期から民間企業を対象とした規格や基準作りを行っていた。代表的なものに、国際労働機関（ILO）の「労働における基本的原則及び権利に関するILO宣言」、経済協力開発機構（OECD）の「OECD多国籍企業ガイドライン」や、2000年にアナン事務総長（当時）によって提唱された国連グローバル・コンパクトなどがある。一方、NGOも企業に行動規範作成を働きかけるだけでなく、自ら規格や基準の制定にも関与してきた。しかし、行動規範や基準が多数存在することで、異なる要求内容、規格間の差異などが、途上国に集中しているサプライヤーに過度の負担を課していることが問題になり、国際的な統一基準を求める声が高まった。社会の期待と要請を受けて、ISO理事会は、2001年4月にISOの中にある消費者政策委員会に対して、CSRの領域でISOが国際規格を開発することは可能かどうか、また必要かどうかの検討を要請した。その後、ISO内での議論を重ねて、2004年に社会的責任の規格開発が確定した。これを決定付けたのは、それまで規格開発に反対、若しくは態度を決めかねていた途上国の代表陣が、乱立するCSRの規格への適合を求められる現状は非関税障壁だとして統一基準の策定を歓迎し、一斉に賛成にまわったことにあった。そして作業部会が設置され、2005年1月から策定作業が始まった。

「ISO26000社会的責任に関する手引」は、「6.8.7.2 関連する行動及び期待」において、組織は次に実施すべきである行動として、「納税義務を履行し、納付すべき税額を適正に決定するために必要な情報を当局に提出する。」としている。

そもそも、同手引きは、「富及び所得の創出はまた、経済活動がもたらす利益が公平に分配されることが前提である。政府は、組織の納税義務に頼り、重要な開発の問題に取り組むための税収を得ている。」としており、納税義務の適正な履践についても社会的責任の文脈で捉えていることが判然とするのである。

企業は、CSRを今や単なるメセナやフィランソロピーではなく、持続可能性を求める企業の経営活動の中で積極的に取り組むべき経営戦略として機能させなければならないと解されている[32]。戦略的CSRとは、企業の経営戦略の要素としてのCSRであり、戦略的CSRマネジメントとは、CSRの活用により企業の持続可能性をもたらす価値を社会的に獲得する経営活動である。

IV　広義の社会貢献活動としてのCSR

企業倫理とCSRは包摂的構造にあると思われるが、企業倫理を基礎とした適正な納税義務の履行や租税行政への協力といった責任論が展開されていないことには不安を覚える。前述したとおり、ISO26000においても、この点が述べられているのである。いわば、適正な納税義務の履行は納税義務者にとっての当然の義務の履行であり「法令遵守」であるのに対して、租税行政庁への税務情報の提供は法令遵守という最狭義の社会的責任よりも更に深化した社会的責任論の文脈における狭義の社会的責任ないし、広義の社会貢献活動といってもよいものである。しか

※32　萩原・前掲※29、74頁。

しながら、単に法令遵守のレベルを超えたところにある企業の積極的な活動にまで踏み込んだ租税領域における社会的責任論は、必ずしも充実した議論を伴っているわけではない。更に十分な研究が求められる空白域であるといっても過言ではあるまい。今後はより積極的に、租税領域における社会的責任論が展開されるべきであり、行政主導ではなく、研究者や実務家もこれに能動的に参与すべきである。

［酒井　克彦］

第2章
企業法務コンプライアンス

企業法務コンプライアンスにおける最近の傾向

I　法令遵守からステークホルダーの信頼確保へ

　コンプライアンスとは、従前は法令遵守を意味するものとされてきた。しかし、近時は明文化されていない社会規範の遵守、社会的責任の履行を含むとされることが多い。法令に違反しなくとも、社会規範を遵守しないことによって、ステイクホルダーの信頼を失い、その結果、企業価値が毀損されるからである。

　例えば、日本取引所自主規制法人が平成30年3月30日に公表した「上場会社における不祥事予防のプリンシプル」には、上場企業における不祥事（重大な不正・不適切な行為等）予防のプリンシプル（原則）として、次のような原則が定められ、次のとおり解説されている。

［原則1］実を伴った実態把握

　自社のコンプライアンスの状況を制度・実態の両面にわたり正確に把握する。明文の法令・ルールの遵守にとどまらず、取引先・顧客・従業員などステークホルダーへの誠実な対応や、広く社会規範を踏まえた業務運営の在り方にも着眼する。その際、社内慣習や業界慣行を無反省に所与のものとせず、また規範に対する社会的意識の変化にも鋭敏な感覚を持つ。

　これらの実態把握の仕組みを持続的かつ自律的に機能させる。

　解説1-2　コンプライアンスは、明文の法令・ルールの遵守だけに限定されるものではなく、取引先・顧客・従業員などステークホルダーへの誠実な対応を含むと理解すべきである。さらに、広く社会

規範を意識し、健全な常識やビジネス倫理に照らして誠実に行動することまで広がりを持っているものである。

　こうした規範に対する社会的受け止め方は時代の流れに伴い変化する部分がある。社内で定着している慣習や業界慣行が、実は旧弊やマンネリズムに陥っていたり、変化する社会的意識と乖離したりしている可能性も意識しつつ、社内・社外の声を鋭敏に受け止めて点検を行うことが必要となる。

　ここでは、コンプライアンスとは法令等の明文化されたルールだけではなく、ステークホルダーの信頼確保など明文化されていない社会規範の遵守を求めるものと位置づけられている。しかも、その社会規範は固定的なものではなく、時代の流れとともに変化することを前提としている。

　このように位置づけられたコンプライアンス・リスクの管理は、法技術的なリスク管理を超えた、経営の根幹をなすものである。金融庁が平成30年10月に公表した「コンプライアンス・リスク管理に関する検査・監督の考え方と進め方（コンプライアンス・リスク管理基本方針）」にも、次のとおり、そのような考え方が示されている。

　　「コンプライアンス・リスクは、ビジネスと不可分一体で、往々にしてビジネスモデル・経営戦略自体に内在する場合が多く、その管理は、まさに経営の根幹をなすものである。」

　「上場会社における不祥事予防のプリンシプル」においても、経営陣はコンプライアンスにコミットして、その旨を継続的に発言し、コンプライアンス違反を誘発させないように、事業実態に則した経営目標の設定や業務遂行を行うことを要するとされている（同**原則2**）。

> **［原則2］使命感に裏付けられた職責の全う**
>
> 　経営陣は、コンプライアンスにコミットし、その旨を継続的に発信し、コンプライアンス違反を誘発させないよう事業実態に即した経営目標の設定や業務遂行を行う。
>
> 　監査機関及び監督機関は、自身が担う牽制機能の重要性を常に意識し、必要十分な情報収集と客観的な分析・評価に基づき、積極的に行動する。
>
> 　これらが着実に実現するよう、適切な組織設計とリソース配分に配意する。

　ただ、現実には経営目標を設定する際にコンプライアンスに直接触れることはあまりないとの指摘もあり[※1]、実務レベルで同原則で示された考え方をどのように実行していくかは、今後の課題である。

II　コンダクト・リスクという概念

　コンプライアンス概念の拡張に伴い、新たに「コンダクト・リスク」という概念が用いてコンプライアンスの内実を整理する場面が増えている。

　コンダクト・リスクとは、我が国の法令等では明確な定義付けはされておらず、また、必ずしも共通認識が得られているわけではないが、一般的には、「不適切な」金融サービスの提供に伴って金融機関に損失が生じる現在及び将来の予想されるリスクをいうものとされている。主に金融機関のリスク管理の場面で用いられており、2012年に発覚したLIBOR（ロンドン銀行間取引金利レート）の不正操作事件で、コンダクト・リスクの管理は大きな問題として取り扱われた。

※1　井上博史ほか「座談会　コンプライアンスリスク軽減のための平時の取組」商事2218号24頁（2019）の竹安、佐々木、田畑の各発言。

コンダクト・リスクは、上記の一応の定義からも明らかなとおり、法令に違反していない「不適切な」サービス提供によって企業価値が毀損されるリスクを問題としており、拡張されたコンプライアンス概念と親和的である。前述の「コンプライアンス・リスク管理に関する検査・監督の考え方と進め方（コンプライアンス・リスク管理基本方針）」でも、コンダクト・リスクへの言及があり（同「〈BOX〉コンダクト・リスク」）、当該基本方針に対するパブリック・コメントにおいても、「本基本方針におけるコンプライアンス・リスクの考え方は、基本的にコンダクト・リスクの考え方とその趣旨を同じくするものであると考えられます」との金融庁の見解が示されている。金融庁が令和元年6月28日に公表した「コンプライアンス・リスク管理に関する傾向と課題」においても、次のとおり、コンプライアンス・リスクとコンダクト・リスクを相互に置換可能な概念として位置づけている。

> 経営陣主導の下、自社又は自社グループにとってのコンプライアンス・リスク（コンダクト・リスク）を従来の法令等遵守よりも広い概念（例えば、社会規範や道徳を遵守すること、顧客の信頼に応えること、市場の公正に配慮すること等を含む概念）として定義し、管理のためのフレームワーク等を策定している事例

事業会社においても、コンダクトという概念を用いて役員・社員が実践すべき行為規範を定める例は少なくない。例えば、花王グループは、「花王 ビジネス コンダクト ガイドライン」を策定し、同グループの役員・社員は当該ガイドラインを遵守することとし、これに違反する事例はコンプライアンス違反として上司又はコンプライアンス通報・相談窓口への相談を促している[2]。また、ソニー、ファーストリテイリング、田

※2　https://www.kao.com/jp/corporate/about/policies/compliance/business-conduct-guideline/.

辺三菱製薬グループなども「コード・オブ・コンダクト」（「行動規範」と約されることが多い。）を定め、これに違反した場合をコンプライアンス違反として整理し、これを発見したときは速やかに上司又は社内相談窓口に相談するよう求めている[※3]。

III　ルールベースからプリンシプルベースへ

　拡張されたコンプライアンス・リスク（コンダクト・リスク）を管理する方法についても、具体的で明確な細則（ルール）を制定し、その遵守を求める「ルールベース」のアプローチだけでは不十分で、抽象的で幅の大きい原則（プリンシプル）を示した上で、それを実現する手段の選択を委ねる「プリンシプルベース」のアプローチが重要であるとの認識が既に広く共有されている。ルールベースのアプローチは、規制の対象者にとって高い予見可能性が確保され、ルールの解釈も共有されやすく、相対的に適用が容易であるという利点がある一方、手段にすぎないルールの形式的な遵守のみに終始しやすく、規制の対象者の自主性・柔軟性を損ない、時代の変化には対応しにくいという欠点があるためである。

　プリンシプルベースのアプローチの重要性は、もともと金融規制の分野で強調されてきたものである。金融庁は平成20年4月18日に「金融サービス業におけるプリンシプル」を公表して「ルールベースの監督とプリンシプルベースの監督の最適な組合せ」という考え方を示し、令和20年6月に「金融検査・監督の考え方と進め方（検査・監督基本方針）」を策定しプリンシプルベースのアプローチを中心とする新たな金融検

※3　ソ ニ ー（https://www.sony.co.jp/SonyInfo/csr_report/compliance/8ido18000002hqgn-att/Code_J.pdf）、ファーストリテイリング（https://www.fastretailing.com/jp/about/governance/pdf/CoC-BasicPrinciple_jp.pdf）、田辺三菱製薬グループ（https://www.mt-pharma.co.jp/company/pdf/1109_tanabemitsubishi_JPN.pdf）参照。

査・監督の枠組を示し、令和元年12月18日には金融検査マニュアルを廃止した。

　しかし、事業会社のコンプライアンス・リスク管理の場面でも、ルールベースのアプローチだけではなく、プリンシプルベースのアプローチを併用する必要があることについては既に一定の共通認識がある。例えば、前述の「上場企業における不祥事予防のプリンシプル」にはプリンシプルベースでの指針である旨が明記され、日本取引所グループのウェブサイト等で令和元年11月7日に公表された「不祥事予防に向けた取組事例集」（経済法友会の会員有志によって開催された意見交換会での議論を取りまとめたもの）でも、「ルールベースとプリンシパルベース」という項目が設けられ、次のような意見が記載されている。

> 　コンプライアンスに関して考えているのは、「ルールによる抑止」と、「社員の自律」のバランスをどのようにとっていくかということ。当社では、ルールによる抑止の方に注力しているのが現状だが、これでは社員が自分で考えなくなってしまうという懸念があり、理念・原則のウェイトを増やして、自ら考える社員を育てなければならない、という問題意識をもっている。

　前述した事業会社各社の「コード・オブ・コンダクト」においても、企業理念や「お客様の満足」、「人権尊重」、「多様性の尊重」といった基本原則（プリンシプル）を掲げた上で、各基本原則に係るガイドライン（ルールといえるほど具体的なものではない。）を定めるなど、プリンシプルベースのアプローチがとられている。

　なお、行政による規制の手法としてプリンシプルベースのアプローチが常に妥当とはされていないことには注意が必要である。経営管理体制、内部管理体制、リスク管理体制など「体制」の整備に関する分野ではプリンシプルベースの規制は馴染みやすいが、市場のインフラを整備

する法制については、基本的には予見可能性の高いルールベースでの規制が妥当であると考えられている[4]。

また、プリンシプルベースによる規制については、プリンシプルに適合しているかどうかの判断を行政機関が恣意的に行った場合には、裁量行政につながるおそれがあるとの指摘もある。裁量行政を回避するためには、規制当局が個別事案ごとに実務家と対話して実務家の納得を得られるだけの、明確な根拠を迅速に示し、そうした解釈を集成した解釈事例集の公表等を通じて「透明性」を確保する等の方策が必要ではないかとの指摘があり[5]、前述の「金融検査・監督の考え方と進め方（検査・監督基本方針）」でも、「実例を類型化した「事例」の公表によって考え方やプリンシプルを補い、透明性を高めていく」旨が明示されている（同基本方針34頁）。

租税については、租税法律主義（憲84）の大原則があり、課税要件はもちろん、賦課・徴税の手続も法律で定めることが必要とされる。そのため、税務行政においてプリンシプルベースによる規制が妥当するか否かは、慎重な検討が必要であろう。

IV　ルールベースからリスクベースへ

プリンシプルベースとは別の観点から、ルールベースに「リスクベース」を対置して、リスクベースのアプローチによるコンプライアンス・リスクの管理の重要性が指摘されることも増えている。

リスクベースのアプローチとは、費用対効果、法令の趣旨等を踏まえた上で、重大な経営上のリスクの発生を防止することに重点を置いて、リスク管理を考える手法をいう。一律、網羅的にルールの遵守を求めるルールベースのアプローチと対置される。

---

[4]　松尾直彦「金融規制法の法源と執行のあり方（2）」金法1846号30頁（2008）。
[5]　松尾・前掲[4]、30頁。

リスクベースのアプローチも、金融規制の分野で検討が進んでいる手法である。前述の「コンプライアンス・リスク管理に関する傾向と課題」においても、次のとおり、「金融検査・監督の考え方と進め方（検査・監督基本方針）」においてリスクベースのアプローチの重要性について問題意識が提示されたと評価されている。

> 　基本方針では、リスクベース・アプローチ、すなわち、費用対効果や、法令の背後にある趣旨等を踏まえた上で、自らのビジネスにおいて、利用者保護や市場の公正・透明に重大な影響を及ぼし、ひいては金融機関自身の信頼を毀損する可能性のある重大な経営上のリスクの発生を防止することに重点を置いて、リスク管理を考えるアプローチの重要性について問題意識を提示するとともに、「リスクの特定・評価」及び「リスクの低減・制御」の各ステップにおいて取り組むべき事項や、かかるリスクベース・アプローチのリスク管理態勢を実効的に機能させるためには、単にリスクベースの発想を持つだけでなく、まさに経営陣が主導して当該発想に基づいたプロセスを実行に移すことが必要となるとの問題意識も提示している。

　事業会社においても、グループ会社全般のコンプライアンスリスクを適切に管理するためには、リスクベース・アプローチに基づく取組みが必要と考えられている。前述の「上場会社における不祥事予防のプリンシプル」においても、そのような考え方に基づいて、次の原則（プリンシプル）を置いている[6]。

※6　佐藤竜明「『上場会社における不祥事予防のプリンシプル』の解説（下）」商事2166号50頁（2018）参照。

V　税務コンプライアンスの取扱い

　このようにコンプライアンスを広い意味で捉え、ルールベースではなく、プリンシパルベース、リスクベースで対処していく考え方が一般化しつつあり、税務コンプライアンスへの取組みにおいても同様の傾向が認められる。

　まず、プリンシパルベースで定められたコード・オブ・コンダクト（行動規範・行動指針）の中に、税務に関する原則（プリンシプル）を定める事例が散見される。例えば、ソニーは、役員・社員に対する行為規範であるコード・オブ・コンダクト（行為規範）で、「自律した経営」の一内容として、税務コンプライアンスに係る原則（プリンシプル）として、次の定めを置いている。

【ソニーの「コード・オブ・コンダクト」（抜粋）】

6　自律した経営

　（略）

6.4　税務コンプライアンス

　事業活動を行う各国・地域で適用される税法や関連規則および国際税務に関する一般的に認められたルールやガイダンスを遵守することがソ

ニーの基本方針です。私たちソニー社員は、自らの業務に関連するこれらの税法と関連規則を理解し、遵守します。

コード・オブ・コンダクト（行動規範・行動指針）を受けて又は独立して、プリンシプルベースで税務に関する具体的な行動指針を定める例も多い。例えば、コード・オブ・コンダクトで「税務コンプライアンス」を定めたソニーは、これを具体化するものとして、「税務戦略の方針とガバナンス体制」を策定し、税務戦略に係る（ルールとまではいえない）準則を定めている。

【ソニーの「税務戦略の方針とガバナンス体制」】

税務方針

ソニーグループは、高い規範を持って、倫理的かつ誠実に事業活動を行い、納税義務を果たしています。ソニーグループ行動規範は、事業活動を行う各国・地域で適用される税法や関連規則および国際税務に関する一般的に認められたルールやガイダンスを遵守することがソニーの基本方針であることを定めています。ソニーは、その業務に関連するこれらの税法と関連規則を理解し、遵守します。

税務ガバナンス体制

このグローバルな税務方針に基づき、ソニーグループ各社は、ソニーグループ全体の税務を統轄する Global Tax Office（GTO）のサポートのもと、各社の事業に適用される税法や関連規制を理解し、遵守する責任があります。GTOのグローバル統括責任者は、ソニー株式会社のCFOに直接報告しています。

GTOは、税務リスクを適切に認識し、管理し、報告するための一連のプロセスおよび統制を導入しています。これには、各社の経理財務

チームとの定期的な情報共有、文書化された業務レビューのプロセス、税務申告書作成およびレビューに携わる社員のための定期的な研修、GTOのグローバル統括責任者への定期的な報告が含まれます。

　付加価値税、物品税などの取引税、関税、個人所得税およびその他の税金は、関連する部門の財務責任者が最終的な責任を負っています。GTOは、これらの部門の財務責任者と密接に連携し、重要な税務リスクまたは誤りを認識した場合には、必要に応じて関連する税務当局とも確認しながら、サポートを提供します。

税務プランニングに対する姿勢

　ソニーは、複雑かつグローバルな環境において多様な事業活動を行っており、税務マネジメントは一つの重要な要素です。ソニーは、事業目的に沿って、納税者としての責任を踏まえた適切な税務運営を行っています。税務担当は、事業提案の承認プロセスにおいて、税務面での影響が明確に理解されるよう適切な助言を行います。適用される税法を遵守し、ソニーのブランド価値を守るという義務を果たしていきます。

　ソニーが事業活動を行う国や地域では、その地域への投資の招致などの政策を目的として、一定の所得や費用に対して、特別な所得控除、税額控除、免税などの様々な優遇税制が導入されることがあります。ソニーは、その優遇税制が、関連する基準を満たす全ての納税者にとって幅広く利用可能であり、そのための要件が多様な事業目的と相反しない場合には、株主に対する義務としてそのような優遇税制を活用すべきと考えています。

税務リスク

　ソニーは、事業の意思決定プロセスを支援するために、専門的かつ入念な分析と判断をもって税務リスクを評価します。また、必要に応じて第三者の専門家の助言を求め、適切と判断される場合には関連する税務当局へ相談し、解釈を求めることがあります。しかし、税法は必ずしもその解釈が明確であるとは限らず、相違が生じることがあります。ソニーは、税務処理の妥当性を注視し、事実関係や税法の検討結果に基づき、その処理の妥当性が認められない可能性がより高いと考えられる場合には、然るべき会計基準に則り税金費用を計上しています。

税務当局との関係

　ソニーは、税務当局に対し真摯に対応し、良好な関係の維持に努めています。税務当局の質問に対する回答の全てにおいて、ソニーが理解している事実を誠実かつ正確に説明しています。

透明性

　ソニーは、日本の税法に従って国別報告事項を毎年作成・提出するとともに、ソニーが事業活動を行う国や地域の税法に従って事業概況報告事項を作成・提出しています。

　さらに、タックスヘイブンを利用した恣意的な租税回避の防止、不明確な税務ポジションの低減などに言及する例も散見される[7]。

---

[7]　以下は、花王の例である（https://www.kao.com/content/dam/sites/kao/www-kao-com/jp/ja/corporate/about/pdf/governance_004.pdf）。

【花王の「花王グループの税務方針」（抜粋）】

○国際的な税務フレームワークへの取り組み

　花王グループは、OECDによるBase Erosion Profit Shifting（BEPS）プロジェクト等の国際的な取組みが、税の透明性確保や国際的な租税回避を防止するために重要な取組みであると理解しています。

　そのため、各国税法を遵守するとともに、国際的な取組みの主旨に則った税務管理を行い、税に関する透明性の確保に努めています。

○国際的な税務フレームワークへの取り組み

花王グループは、OECDによるBase Erosion Profit Shifting（BEPS）プロジェクト等の国際的な取組みが、税の透明性確保や国際的な租税回避を防止するために重要な取組みであると理解しています。

　そのため、各国税法を遵守するとともに、国際的な取組みの主旨に則った税務管理を行い、税に関する透明性の確保に努めています。

○タックスプランニング及びタックスヘイブン

　花王グループは、事業目的や実態の伴わないタックスプランニングやタックスヘイブンの利用が、各国における適正な税金の納付を阻害する要因であると理解しています。

　花王グループは事業目的に沿って海外進出先やグローバルな事業体制を決定することとし、タックスヘイブンを利用する恣意的な租税回避及び濫用的なタックスプランニングの防止に努めています。

[石井　亮]

法人におけるコンプライアンスチェック（自主点検）

I　税務コーポレートガバナンスと自主点検

　現在、国税庁は、「税務に関するコーポレートガバナンスの充実に向けた取組」を行っている。その趣旨は、大企業の税務コンプライアンスの維持・向上には、トップマネジメントの積極的な関与・指導の下、大企業が自ら税務に関するコーポレートガバナンスを充実させていくことが重要、かつ、効果的であることから、その充実を促進するというものである。

　「税務に関するコーポレートガバナンス」とは、税務についてトップマネジメントが自ら適正申告の確保に積極的に関与し、必要な内部統制を整備することと定義されている[1]。税務に関するコーポレートガバナンスが良好であると判断された法人については、一定の要件を満たせば、税務調査の時期を延長するなどの効果が得られる。そして、かかる内部統制の整備状況の確認に当たっては、まず法人が、国税庁作成の「税務に関するコーポレートガバナンス確認表」に、確認項目ごとに実施状況を記載して作成提出し、国税当局の確認を受けるという方法がとられる。確認表の確認項目は、大項目で5点あり、具体的には、①トップマネジメントの関与・指導、②税務（経理）担当部署等の体制・機能、③税務に関する内部牽制の体制、④税務調査での指摘事項等に係る再発防止策、⑤税務に関する情報の周知からなっている。

　かかる取組みは、直接には国税局特別国税調査官所掌法人を対象とするものではあるが、適正な申告のための社内体制を整備する必要があることは、中小規模の法人であっても同様であり、その構築ないし自主点

※1　国税庁HP参照。

検に当たっては、上記確認表とその記載要領、及び確認項目の評価ポイントが大いに参考になると考えられる。

そこで本節では、そもそも内部統制とは何かという点について、主として会社法の観点からその概要を解説し、その後に、上記確認項目とその対応（法人における自主点検）について整理を行いたいと考える。

II 会社法上の内部統制

1 内部統制とは

内部統制とは、いわば会社の業務を適正に効率よく運営するための仕組みであり、その中心はリスク管理体制である。内部統制には、会社法上の内部統制と、金融商品取引法（以下「金商法」という。）上の内部統制がある。

なお、会社法の条文上には、「内部統制」という言葉はなく、「株式会社の業務…の適正を確保するために必要な…体制」（会社362④六など）との規定があり、これを内部統制と呼んでいる。一方、金商法においては、「当該会社…に係る財務計算に関する書類その他の情報の適正性を確保するために必要な…体制」との規定があり、その体制について評価した報告書を「内部統制報告書」と定義している（金商24の4の4）。

内部統制の具体的な内容は、会社の事業規模、事業内容、特性等に応じて、当然異なるものであるが、基本的な考えは以下のとおりであるとされている（**図表 - 1、2**）※2。

※2　神崎克郎「会社の法令遵守と取締役の責任」曹時34巻4号16〜17頁（1982）。

●図表 - 1　内部統制の基本的な考え方

①　業務を担当する取締役及び命令の下で業務を執行する使用人がその業務に関連して遵守すべき法令の内容を熟知していること

②　業務の執行が適当に記録され、その内容がそれを行った者以外の者によって検査される状態になっており、かつ、検査が現実に行われていること

③　会社の業務執行に当たり法令に違反した取締役又は使用人に対して適当な懲戒処分がなされるものとされており、かつ、現実に懲戒処分が行われていること。

これを分かりやすくまとめると、①ルールの制定、②ルールの教育、③業務過程の記録、④業務過程の事後的なチェック、⑤ルール違反に対する処罰の体制の整備である[3]。

2　会社法上の内部統制についての定め

会社法は、内部統制について以下のように定めている。

(1)　取締役会の専決事項・大会社の決議義務

まず、内部統制の整備は重要な業務執行の決定であり、取締役会設置会社においては取締役会の専決事項とされている。したがって、代表取締役等にその決定を委任することはできず、その基本方針は必ず取締役会で決議しなければならない（会社362④六など）。

また、大会社である取締役会設置会社においては、この内部統制の整備に関する取締役会決議を行うことが義務付けられている（会社362⑤

※3　中村直人『判例に見る会社法の内部統制の水準』29～30頁（商事法務2011）、中村直人ほか『内部統制システム構築の実務』54頁（商事法務2015）。

など）。具体的には、「取締役の職務の執行が法令及び定款に適合する
ことを確保するための体制その他株式会社の業務並びに当該株式会社及
びその子会社から成る企業集団の業務の適正を確保するために必要なも
のとして法務省令で定める体制の整備」（会社362④六など）として、
会社法及び会社法施行規則に規定された18項目について、必ず取締役
会で決議をしなければならないとされている（図表－2）。

●図表－2　取締役会設置会社（監査役（会）設置会社）における決議
　　　　　事項18項目

① 取締役の職務の執行が法令及び定款に適合することを確保するため
　 の体制
② 取締役の職務の執行に係る情報の保存及び管理に関する体制
③ 損失の危険の管理に関する規程その他の体制
④ 取締役の職務の執行が効率的に行われることを確保するための体制
⑤ 使用人の職務の執行が法令及び定款に適合することを確保するため
　 の体制
⑥ 当該株式会社並びにその親会社及びその子会社から成る企業集団に
　 おける業務の適正を確保するための体制
⑦ 子会社の取締役等の職務の執行に係る事項の当該株式会社への報告
　 に関する体制
⑧ 子会社の損失の危険の管理に関する規程その他の体制
⑨ 子会社の取締役等の職務の執行が効率的に行われることを確保する
　 ための体制
⑩ 子会社の取締役等及び使用人の職務の執行が法令及び定款に適合す
　 ることを確保するための体制
⑪ 監査役がその職務を補助すべき使用人を置くことを求めた場合にお
　 ける当該使用人に関する事項
⑫ 使用人の取締役からの独立性に関する事項

⑬　監査役のその職務を補助すべき使用人に対する指示の実効性の確保に関する事項

⑭　取締役及び会計参与並びに使用人が当該監査役設置会社の監査役に報告をするための体制

⑮　子会社の取締役、会計参与、監査役、執行役、業務を執行する社員、会社法598条1項の職務を行うべき者その他これらの者に相当する者及び使用人又はこれらの者から報告を受けた者が当該監査役設置会社の監査役に報告をするための体制

⑯　報告をした者が当該報告をしたことを理由として不利な取扱いを受けないことを確保するための体制

⑰　監査役の職務の執行について生ずる費用の前払又は償還の手続その他の当該職務の執行について生ずる費用又は債務の処理に係る方針に関する事項

⑱　その他監査役の監査が実効的に行われることを確保するための体制

　なお、監査等委員会設置会社（会社399の13①一、会社規110の4）や指名委員会等設置会社（会社416①一、会社規112）についても同様に、18項目の決議事項が定められている。

(2)　報告義務

　上記により決定された内部統制の基本方針について、取締役会は定期的にこれを確認し、必要に応じて決議内容を見直していくことが求められている。また、内部統制の整備についての決定又は決議があるときは、その決定又は決議の内容の概要、及び当該体制の運用状況の概要を、事業報告に記載しなければならないとされている（会社435②、362④六、399の13①一ロ及びホ並びに416①一ロ及びホ、会社規118二）。

3 どの程度の内部統制を構築すべきか

　例えば、従業員の不正行為によって会社に損害が発生した場合、取締役等は直接この不正行為に関与していなかったとしても、場合によっては任務懈怠責任（内部統制構築義務違反）を問われ、損害賠償責任を負わされるリスクがある（会社423①、429）。なぜならば、「事業規模が大きく、従業員も多数である会社においては、効率的な経営を行うため、組織を多数の部門、部署等に分化し、権限を部門、部署等の長、さらにはその部下へ委譲せざるを得ず、取締役が直接すべての従業員を指導・監督することは、不適当であるだけでなく、不可能である」、したがって、取締役には、「従業員が職務を遂行する際違法な行為に及ぶことを未然に防止するための法令遵守体制を確立するべき義務」があると解されているからである（大和銀行事件大阪地裁平成12年9月20日判決・判時1721号3頁）。

　それでは、取締役等は、どの程度の内部統制を構築していれば、任務懈怠責任を問われるリスクを低減できるのか。

　この点、日本システム技術事件（最高裁平成21年7月9日第一小法廷判決・集民231号241頁）の最高裁判旨が参考になると思われる。

　本件は、従業員の架空売上に起因して有価証券報告書に不実記載がなされ、その発覚によって株価が暴落したため、損害を被った投資家が損害賠償請求をした事案である。本判決は、代表取締役の内部統制システム構築義務について、具体的な事実関係を前提に判断したものであるが、①会社が、通常想定される架空売上げの計上等の不正行為を防止し得る程度の管理体制は整えていたこと（ごく簡単にいえば、事業部門と経理部門の分離がなされていた。）、②本件不正行為が、通常容易に想定し難い方法によるものであったこと、③本件不正行為の発見を予見すべきであったという特別な事情も見当たらないこと、④財務部におけるリスク管理体制が機能していなかったということはできないことなどを

根拠に、代表取締役の内部統制システム構築義務違反を否定した。

　本判決によれば、通常想定される不正行為を「確実に防止できる程度」の体制の構築までは要求されないとしても、「防止し得る程度」の管理体制の整備は必要であり、かつ、現にその管理体制が正常に機能していることが要求されることになる。内部統制は、会社の事業規模、内容、特性等に応じて、当然異なるものである。一方で、同規模の同業他社の水準に照らし、遜色のない体制を構築しておくべきであるとされる。かかる観点から、平時において、管理体制の整備状況につき自主点検を行っておくとよいであろう。

III　税務コーポレートガバナンス確認表の各項目とその具体的な対応

　以下、国税庁の「税務に関するコーポレートガバナンス確認表」とその「記載要領」、「評価ポイント」に従い、項目ごとに整理する[※4]。

❶ 確認項目1　トップマネジメントの関与・指導

　確認項目の1つ目は、トップマネジメントの関与・指導である。具体的には、(1)税務コンプライアンスの維持・向上に関する事項の社訓、コンプライアンス指針等への掲載、(2)税務コンプライアンスの維持・向上に関する方針のトップマネジメントによる発信、(3)税務方針等の公表、(4)社内に対する税務調査への適切な対応に関するトップマネジメントからの指示、(5)税務調査の経過や結果のトップマネジメントへの報告、(6)監査や税務調査等で税務上の問題事項が把握された場合における、その再発防止策に関するトップマネジメントの指示・指導、(7)その他有効な取組みから成る。

※4　国税庁HP参照。

⑴ **税務コンプライアンスの維持・向上に関する事項の社訓、コンプラ
イアンス指針等への掲載**

　税務コンプライアンスに関する意識の醸成を図るため、社訓や指針等
に税務に関する事項を記載しているか、その記載内容はどのようなもの
か等の確認である。

　対応としては、税務コンプライアンスに特化した指針等を作成する、
又はコンプライアンスに関する社訓や指針等に、税法遵守、原始記録の
適正保存、不正な会計処理の禁止など、税務コンプライアンスに関する
事項を明記すること等が挙げられる。

⑵ **税務コンプライアンスの維持・向上に関する方針のトップマネジメ
ントによる発信**

　上記⑴の社訓や指針等の社内周知・浸透を図るため、トップマネジメ
ントからどのような発信を行っているか、その周知対象者や周知方法等
はいかなるものか、その浸透度はどうか等の確認である。

　対応としては、役員が支店等を巡回し、税法遵守を指導、上記⑴の社
訓や指針等の社内LANへの掲載、研修の実施、コンプライアンス・ハ
ンドブックの配布、理解度チェックの実施等が挙げられる。

⑶ **税務方針等の公表**

　企業（グループ）としての税務に対する取組方針を明確化するため、
税務方針やタックスポリシー等、どのような公表がなされているか、そ
の内容や時期等の確認である。

　対応としては、税法遵守、適正納税に向けた体制整備、適正なグルー
プ内取引の実施などを明記した税務方針を、社訓等とは別に策定し、そ
の内容をホームページに掲載する等が挙げられる。

⑷　社内に対する税務調査への適切な対応に関するトップマネジメント
　　からの指示

　　トップマネジメントの税務調査への対応に関する指示状況等の確認で
ある。

　　対応としては、税務調査開始前に、適切な協力をすることなど、指示
文書を発信する、税務調査中に指摘された是正すべき事項に類似する取
引の有無について、全社に徹底調査を指示する等が挙げられる。

⑸　税務調査の経過や結果のトップマネジメントへの報告

　　トップマネジメントが適切な関与・指導を行うため、税務調査の経過
や結果について、いかなる時期にどのような内容の報告が行われている
か等の確認である。

　　対応としては、トップマネジメントに対し、税務調査の結果だけでな
く、適時に状況を報告すること等が挙げられる。

⑹　監査や税務調査等で税務上の問題事項が把握された場合における、
　　その再発防止策に対するトップマネジメントの指示・指導

　　再発防止策の実効性を高めるため、トップマネジメントがいかなる関
与（指示・指導）を行っているか等の確認である。

　　対応としては、トップマネジメントの指示・指導の下、経理担当部署
等が再発防止策を策定し、その運用状況を管理する、社長メッセージと
して、徹底した再発防止を電子メールや社内LAN等により指示する等
が挙げられる。

⑺　その他有効な取組み

　　上記のほか、税務コンプライアンスを維持・向上する観点から、トッ
プマネジメントが関与・指導等している取組事例の確認である。

　　対応としては、特に税務処理上疑義が生じる可能性が高い取引につい

て、適宜トップマネジメントに報告する、それに対しトップマネジメントから指示・指導を行う等が挙げられる。

❷ 確認項目2　税務（経理）担当部署等の体制・機能

　確認項目の2つ目は、税務（経理）担当部署等の体制・機能である。具体的には、⑴税務（経理）担当部署の体制整備（税務精通者の配置、税務精通者の確保のための施策等を含む。）、⑵①会計処理手続の明確化（改訂状況を含む。）、⑵②税務処理手続の明確化（改訂状況を含む。）、⑶個々の業務における経理処理のチェック体制整備による税務処理誤りの防止策（見直し状況を含む。）、⑷税務（経理）担当部署等による税務（経理）処理の事後チェックの実施（処理誤り等を把握した場合の対応を含む。）、⑸税務（経理）担当部署等による事後チェックのトップマネジメントへの報告、⑹海外の主要な子会社に対する税務に関する監査・モニタリングの実施（処理誤り等を把握した場合の対応を含む。）、⑺監査役・監査法人等からの税務コンプライアンスの維持・向上に関する提言・助言（監査役等に対する報告を含む。）、⑻その他有効な取組みから成る。

⑴　税務（経理）担当部署の体制整備（税務精通者の配置、税務精通者の確保のための施策等を含む。）

　各事業部からの相談に対する回答や税務調査に適切に対応するため、税務精通者をいかに育成・確保するか、その人員配置はどうか等の確認である。

　対応としては、人材育成を考慮した人事ローテーション、外部研修の受講、多面的な検討を行うため、税務精通者（税理士資格者など）を複数人配置する等が挙げられる。

(2)① 会計処理手続の明確化（改訂状況を含む。）

　継続的にルールに基づいた適正な会計処理を行うため、どのような会計処理手続を策定しているか、及びその運用状況はどうか等の確認である。

　対応として、会計処理手続を、事業内容の変化に応じて適宜改訂する、マニュアルを社内LANに掲載し、社内で共有する等が挙げられる。

(2)② 税務処理手続の明確化（改訂状況を含む。）

　継続的にルールに基づいた適正な事務処理を行うため、どのような税務処理手続を策定しているか、及びその運用状況はどうか等の確認である。

　対応として、過去の税務処理誤りや税務調査での是正事項を踏まえたマニュアルを作成し、税務調査後等に適時改訂する、税務処理の誤り事例集を作成し、社内で共有する等が挙げられる。

(3) 個々の業務における経理処理のチェック体制整備による税務処理誤りの防止策（見直し状況を含む。）

　各事業部等において行われる取引に係る日々の経理（税務）処理の過程で生じる誤謬や不正を防止するため、業務分担等によりいかなるチェック体制を整備しているか、及びいかなる運用をしているか等の確認である。

　対応として、特定の取引について、税務上検討すべき事項を網羅したチェックシートの作成を義務付け、必要に応じ経理担当部署へ相談・協議する体制を整備する、複数の担当者の承認がなければ会計データに登録できないシステムを整備する、処理誤りが多い業務について、権限・職責に応じた複数の担当によるチェック体制を整備する、決算後各部門に予算消化目的や繰上げ（繰延べ）計上等がないか再確認させ、その結果を経理担当部署へ報告させる等が挙げられる。

⑷ 税務（経理）担当部署等による税務（経理）処理の事後チェックの実施（処理誤り等を把握した場合の対応を含む。）

　税務（経理）処理の適正性を検証するため、日々の税務（経理）処理とは別に、税務（経理）担当部署や社内監査部署が、いかなる事後的チェックを実施しているか、及び当該事後チェックにより誤りが把握された場合にいかなる対応をしているか等の確認である。

　対応として、模擬税務調査等の税務に特化した事後チェックを実施する、不適切な税務処理が把握された場合に、同様の処理誤りが想定される部署も併せて確認する等が挙げられる。

⑸ 税務（経理）担当部署等による事後チェックのトップマネジメントへの報告

　トップマネジメントが適切な関与・指導を行うため、税務（経理）担当部署や社内監査部署により、いかなる事後チェックの報告が行われているかの確認である。

　対応としては、不適切処理の有無にかかわらず、適時トップマネジメントに事後チェックの状況を報告する等が挙げられる。

⑹ 海外の主要な子会社に対する税務に関する監査・モニタリングの実施（処理誤り等を把握した場合の対応を含む。）

　グループ内取引等の適正性を確認するため、監査法人等による海外の主要な子会社に対する税務面での監査やモニタリング等の実施状況はどうか、本社税務（経理）担当部署による当該監査結果の把握・検証状況はどうか、監査等により処理誤り等を把握した場合の是正状況や再発防止策等の対応状況はどうかの確認である。

　対応としては、主要な子会社に、本社から経理担当者を出向させ、経理処理に関する指導を実施する、定期的に海外子会社とweb会議を実施し、決算内容や処理状況を確認する、監査の結果、不適切な経理処理を

把握した場合には、当該子会社のみならず、同様の処理が想定される他の子会社も併せて確認する、自社又は監査法人により税務面での監査を定期的に実施する、一定の取引について、原始記録を添付した上で、定期的に本社へ報告する仕組みを構築する等が挙げられる。

(7) 監査役・監査法人等からの税務コンプライアンスの維持・向上に関する提言・助言（監査役等に対する報告を含む。）

　第三者的観点から取組状況を確認するため、監査役や監査法人等からの税務（経理）担当部署に対する税務コンプライアンスの維持・向上に関する提言・助言状況はどうか、及び税務（経理）担当部署から監査役等への報告状況はどうか等の確認である。

　対応としては、外部コンサルタントから、税務コンプライアンスの向上に向けたアドバイスを定期的に受領する、監査役等に対して、税務コンプライアンスの取組（見直し）状況を定期的に報告する等が挙げられる。

(8) その他有効な取組み

　上記のほか、税務（経理）担当部署等の体制・機能整備の観点から行っている取組事例の確認である。

　対応としては、税理士等の外部専門家を活用する、組織全体の経理機能向上のため、人材育成やノウハウを共有する等が挙げられる。

③　確認項目3　税務に関する内部牽制の体制

　確認項目の3つ目は、税務に関する内部牽制の体制である。具体的には、(1)①事業部門、国内の事業所と税務（経理）担当部署との税務上の処理（解釈）に関する情報の連絡・相談体制の整備（見直し状況を含む。）、(1)②海外支店、現地事務所と税務（経理）担当部署との税務上

の処理（解釈）に関する情報の連絡・相談体制の整備（見直し状況を含む。）、(1)③連結子法人と税務（経理）担当部署等の税務上の処理（解釈）に関する情報の連絡・相談体制の整備（見直し状況を含む。）、(2)不正な会計処理などの情報に関する内部（外部）通報制度の整備と周知、(3)税務上の不適切行為を行った社員に対するペナルティ制度の整備（不適切事例の社内周知を含む。）、(4)その他有効な取組みから成る。

(1)①　事業部門、国内の事業所と税務（経理）担当部署との税務上の処理（解釈）に関する情報の連絡・相談体制の整備（見直し状況を含む。）

　日々の税務（経理）処理を適正に行うため、国内事業部・事務所と本社税務（経理）担当部署との連絡・相談体制がいかに整備されているか、連絡・相談基準や相談実績、相談内容に関する関連資料の提出状況はどうか、税務（経理）担当部署における各事業部の事業活動に係る情報の入手状況はどうか等の確認である。

　対応としては、各事業部に経理担当を設置するとともに、本社経理担当部署に経理処理に関する相談窓口を設置し全社員に周知する、稟議書や取締役会資料が本社経理担当部署に回付される仕組みを整備し、税務上検討を要する取引を早期に把握する、例外的な取引が発生した場合、各事業部から本社経理担当部署へ報告を義務化する等が挙げられる。

(2)②　海外支店、現地事務所と税務（経理）担当部署との税務上の処理（解釈）に関する情報の連絡・相談体制の整備（見直し状況を含む。）

　日々の税務（経理）処理を適正に行うため、海外支店・現地事務所と本社税務（経理）担当部署との連絡・相談体制がいかに整備されているか、連絡・相談基準や相談実績、相談内容に関する関連資料の提出状況はどうか、税務（経理）担当部署における、海外支店等の事業活動に係る情報の入手状況はどうか等の確認である。

　対応としては、本社経理担当部署と海外支店の経理担当部署で定期的

にweb会議を実施する等が挙げられる。

(1)③ 連結子法人と税務（経理）担当部署等の税務上の処理（解釈）に関する情報の連絡・相談体制の整備（見直し状況を含む。）

　日々の税務（経理）処理を適正に行うため、連結子法人と本社税務（経理）担当部署との連絡・相談体制がいかに整備されているか、連絡・相談基準や相談実績、相談内容に関する関連資料の提出状況はどうか、税務（経理）担当部署における、連結子法人の税務上の処理に係る情報の入手状況はどうか等の確認である。

　対応としては、連結子法人の加入に伴い、連絡・相談体制を見直す、税務上の処理方針を本社経理担当部署から各連結子法人に周知し、処理の統一化を徹底する等が挙げられる。

(2) 不正な会計処理などの情報に関する内部（外部）通報制度の整備と周知

　不正な会計処理、違法取引等を防止するため、内部（社員やグループ会社）や外部（取引先や一般消費者）からの情報提供のための受付窓口を設置しているか、周知はされているか、内部通報等があった場合の処理状況はどうか等の確認である。

　対応として、社内及び社外（弁護士事務所等）に通報窓口を設置する、研修、会議等で通報窓口を周知する、その際不正な会計処理も通報対象となることを説明する等が挙げられる。

(3) 税務上の不適切行為を行った社員に対するペナルティ制度の整備（不適切事例の社内周知を含む。）

　仮装・隠蔽等の税務上の不適切行為を防止するため、処分対象となる行為を明記した懲戒規定等を整備しているか、それを社員へ周知しているか、また、過去に生じた不正行為に対し、社員にどのような処分を

行ったか、それを社員へ周知しているか等の確認である。

　対応として、不適切行為に対する処分規定等に、税務上の不適切行為も対象となることを明記する、不正な税務・会計処理を行った取引実行者及び監督責任者を処分する、再発防止の観点から、税務上の不適切行為の概要について、各事業部の管理職等を通じて社員にも周知する等が挙げられる。

⑷　その他有効な取組み

　上記のほか、内部牽制向上の観点から行っている取組事例があれば、これを確認する。

❹　確認項目４　税務調査での指摘事項等に係る再発防止策

　確認項目の４つ目は、税務調査での指摘事項等に係る再発防止策である。具体的には、⑴再発防止策の策定、⑵再発防止策の社内周知、⑶再発防止策の策定・周知後のフォローアップ、⑷再発防止策の運用状況のトップマネジメントへの報告、⑸その他有効な取組みから成る。

⑴　再発防止策の策定

　税務調査による指摘事項や社内の事後チェック等により把握された不適切処理等の再発防止を図るため、いかなる再発防止策が策定されているか等の確認である。

　対応として、税務調査の指摘事項だけでなく、類似の誤りが生じる可能性のある事項についても再発防止策を策定する等が挙げられる。

⑵　再発防止策の社内周知

　策定した再発防止策の社内への浸透を図るため、再発防止策をいかに周知しているか、具体的には周知の内容や対象者、周知方法はどうか、再発防止策の運用や効果の検証等、改善状況はどうか等の確認である。

対応として、誤りが把握された部署だけでなく、同様の誤りが想定される部署に対しても再発防止策の手順等を周知徹底し、その実施状況を適宜確認する、不適切処理が判明した場合、緊急に研修会等を実施する、決算前に再発防止策を改めて周知する等が挙げられる。

⑶ 再発防止策の策定・周知後のフォローアップ

策定・周知した再発防止策が有効に機能しているかを確認するための、再発防止策の策定・周知後、いかなるフォローアップ（効果検証）がなされているか等の確認である。

対応として、再発防止策が有効に機能しているかを確認するため、抜き打ちでサンプルチェックを実施する、再発防止策の周知後、周知対象の部署において一定期間モニタリングを実施する、事務処理マニュアルを改訂し、改善状況を定期的に検査する等が挙げられる。

⑷ 再発防止策の運用状況のトップマネジメントへの報告

トップマネジメントの関与の下で再発防止策の実効性向上を図るため、トップマネジメントに対し、その運用状況について、いかなる時期にどのような内容の報告が行われているか等の確認である。

対応としては、再発防止策の運用状況について、定期的に経営会議・取締役会等に報告する、税務申告前に再発防止策の運用状況を確認し、担当役員に報告する等が挙げられる。

⑸ その他有効な取組み

上記のほか、実効性のある再発防止策とするために行っている取組事例があれば、これを確認する。

5 確認項目5　税務に関する情報の周知

　確認項目の5つ目は、税務に関する情報の周知である。具体的には(1)申告書の作成や日々の税務・経理処理に影響する税制改正等の情報提供、(2)①国内グループ会社に対する税務情報の提供、(2)②連結子法人に対する税務情報の提供、(3)その他有効な取組みから成る。

(1)　申告書の作成や日々の税務・経理処理に影響する税制改正等の情報提供

　税務に関する認識の向上を図るため、税務に関する情報（申告書の作成や日々の経理処理に影響する税制改正事項など）をどのように提供しているか等の確認である。

　対応として、経理担当部署から関係部署への説明会・研修・社内LANへの掲載などにより、適時提供する、税制改正事項や誤りの多い事例について、解説を付したものを社内LANに掲載する、説明会後に理解度チェックを行い、理解度が低い項目を再度個別に説明する、会計や税務処理に関する社内ルールについてeラーニングを実施し、履修しなければ起票できないこととするライセンス制を採用する等が挙げられる。

(2)①　国内グループ会社に対する税務情報の提供

　税務に関する認識の向上を図るための、税務に関する情報の国内グループ各社に対する提供状況についての確認である。

　対応として、グループの経理ネットワークを整備し、当該ネットワークを通じて税務に関する情報を共有する、申告に当たってのマニュアルやチェックリストを作成・配布するとともに、説明会を実施する等が挙げられる。

(2)② 連結子法人に対する税務情報の提供

税務に関する処理の統一化を図るための、税務に関する情報の連結子法人に対する提供状況についての確認である。

対応として、社内向けデータベースを連結子法人とも共有する、連結子法人から本社税務担当に直接問い合わせできる体制を整備する等が挙げられる。

(3) その他有効な取組み

その他、税務に関する情報等を効果的に周知するために行っている取組事例があれば、これを確認する。

IV 中小規模の法人と税務コーポレートガバナンス

税務コーポレートガバナンスは、直接には国税局特別国税調査官所掌法人を対象とするものであり、確認項目に対する具体的な対応(取組み)は、法人の事業規模や事業内容等によっては、過重であったり不要であったりするものも多いであろう。しかし、適正な申告のための社内体制を整備する必要があることは、たとえ中小規模の法人であっても同様であり、基本となる5つの確認項目の重要性や、根底にある考え方には変わりがない。また、具体的な対応（取組み）についても、そのうちのいくつかは自社にとって参考になるものがあるであろう。自社の健全な発展のため、税務コーポレートガバナンスを自主点検に活用することは有益である。

[内田　久美子]

3 グループ・ガバナンス（会社法改正）

I 令和元年会社法改正における社外取締役制度

1 内部統制システムと社外取締役の役割

　本節は、グループ・ガバナンスと題し、会社法の観点から、結合企業のコンプライアンスを検討しようとするものである。会社法においてグループは、親子会社等結合企業の問題として意識され、コンプライアンスは、コーポレート・ガバナンス、内部統制が機能することにより実現される。そして、会社法は、結合企業概念につき、親子会社概念を中心として、比較的詳細に定義した上、内部統制が個々の企業単位でなく、結合企業等の企業集団単位で図られるべきことを要求している（会社348③四、362④六、416①一ホ）。

　そして、会社法上の内部統制は、取締役の日々の監督義務・監視義務の遂行により支えられるところ、会社法は、内部取締役による馴合いを懸念し、社外取締役制度（会社2十五）を用意し、会社の業務執行を外部目線に曝すことで、かかる馴合い・腐敗を防ごうとしている。折しも、令和元年会社法改正は、前回の改正（平成26年会社法改正）の延長で、社外取締役につき更に踏み込んだ改正を実現した。

　本節では、令和元年会社法における社外取締役の改正を紹介した上で、結合企業において、社外取締役が果たす役割、結合企業間におけるガバナンスのエンフォースメントにつき検討することとしたい。

2 会社法における社外取締役の規制

　社外取締役に関する規制は、改正のたびごとに質・量ともに拡大して

きている。社外取締役の定義で重要な「社外」性につき、当初は、専ら外形的側面に着目し、兼任禁止規定を遡及的に適用するというのみであったが（会社2十五イ）、その内容が次第に拡張されてきた。今日においては、結合企業単位での社外性が要求されるのみならず（会社2十五ロハニ）、所定の親族関係等がないことといった「実質的な独立性」までも、要求されるに至っている（会社2十五ホ）。

　社外取締役は、特別取締役による取締役会の決議をなす前提として、必要とされるのみならず（会社373①二）、監査等委員会設置会社においては、監査等委員である取締役は、3人以上で、その過半数が（会社331⑥）、指名委員会等設置会社においては、各委員会の委員の過半数が（会社400③）、それぞれ社外取締役であることが要請されている。とりわけ監査等委員会設置会社においては、取締役の過半数が社外取締役である場合には、取締役会が、その決議によって、重要な業務執行の決定までも取締役に委任することができるとされ（会社399の13⑤）、ここでは社外取締役の設置が、監査等委員会設置会社への移行を誘導する材料として用いられている。

　社外取締役となる者に対する目配りとして、会社法は、社外取締役等の非業務執行取締役に対し、責任限定契約の締結を認め（会社427）、適切な人材が株主代表訴訟に怯え委縮しないよう配慮している。

③ 令和元年会社法改正における社外取締役の改正

(1) 社外取締役の活用等

　次に、令和元年会社法改正における社外取締役関連の改正につき紹介しておこう。社外取締役に関する改正は、我が国の資本市場が全体として信頼される環境を整備するためのものであるところ、前回の改正である平成26年会社法改正では積み残された問題であった。

　令和元年会社法改正は、前回の積み残しの解決をするものであるとと

もに、前回の改正以降、上場規則等のいわゆるソフトローにより積み重ねられてきた実務慣行に、ハードローである会社法が明文の根拠を与える改正でもある。これは、①社外取締役を置くことの義務付けと②業務執行の社外取締役への委託の2つから構成される。

(2) 社外取締役を置くことの義務付け

　社外取締役を置くことの義務付けにつき、令和元年会社法改正は、「監査役会設置会社（公開会社であり、かつ、大会社であるものに限る。）であって金融商品取引法第24条第1項の規定によりその発行する株式について有価証券報告書を内閣総理大臣に提出しなければならないものは、社外取締役を置かなければならない。」との明文規定（改正会社327の2）を新設した。これは、公開会社であり、かつ、大会社であって、有価証券報告書の提出義務のある監査役会設置会社は、社外取締役を置かなければならないとするものである。

　改正前の会社法327条の2は、社外取締役を置いていない会社が「社外取締役を置くことが相当でない理由」を事業報告及び株主総会参考書類の内容として、株主に開示するという規律（会社規124②、74の2①）を置き、間接的に、社外取締役を置く方向へ誘導しようとしていた。これに対し令和元年会社法改正では、それを一歩進め、よりダイレクトに設置の義務化を図ったのである。

(3) 業務執行の社外取締役への委託

　更に令和元年会社法改正では、「業務執行の社外取締役への委託」が認めることとされるに至った。その内容は、株式会社が社外取締役を置いている場合において、株式会社と取締役との利益が相反する状況、その他取締役が会社の業務をすることにより株主の利益を損なうおそれがあるときに、取締役会の決議によって、当該株式会社の業務を執行する

ことを社外取締役に委託するというものであり、改正会社法348条の2
が、これを定める。

　問題なのは、「株式会社と取締役との利益が相反する状況」とは何か
である。具体的には、MBO（マネジメント・バイアウト）等が想定さ
れているようである。すなわち、MBOがなされようとする場合、買収
者である取締役、執行役と会社との利益が相反する関係になり、実務
上、買収対象会社の社外取締役によって構成される特別委員会によっ
て、交渉等を行っていくことになるところ、かかる交渉により、当該社
外取締役が「社外」性を失ってしまう懸念があった。

　令和元年会社法改正は、かかる交渉を行うことにより、社外取締役が
「社外」性を失わないように配慮したものである。M&A実務にとって、
重要な改正であるということができよう。

⑷　その他の取締役に関する改正

　その他、令和元年会社法改正においては、取締役等への適切なインセ
ンティブの付与として、ストックオプションに関する規制の整備（改正
会社202の2、236③、361①四・五）、D&O保険（改正会社役員賠償
責任保険：改正会社430の3）及び会社補償（改正会社430の2）の新
設といった改正をなしている。社外取締役の報酬をストックオプション
とすることは、通例考えられないが、後二者については、社外取締役と
なろうとする者にとっても、インセンティブとして機能することが期待
されよう。

II　結合企業において社外取締役が果たす役割

❶　結合企業に対する会社法の規制の全体像

⑴　議論の前提として、結合企業に対する会社法の規制の全体像について鳥瞰しておきたい。会社法は、結合企業相互間の関係を、親会社、子会社という、あたかも自然人における親子を模したかのような法的概念をもって規制する。ただ、自然人における親子関係が、基本的には血のつながりを中心としたものであるのに対し、血を持たない会社の親子関係は、「支配」の有無を基準とする。説明の便宜上、A会社を親会社、B会社を子会社とした場合、B会社がA会社の子会社であるためには、A会社がB会社の総株主の議決権の過半数を有するか、Bの財務及び事業の方針の決定を支配している必要がある（会社2三、会社規3①）。逆にA会社がB会社の親会社であるためには、A会社がB会社を子会社としているか、B会社の財務及び事業の方針の決定を支配している場合における当該会社である必要がある（会社2四、会社規3②）。ここでは、①総株主の議決権の過半数という客観的側面のみならず、②財務及び事業の方針の決定の支配という実質的側面も合わせて考慮されることに注意しなければならない。②については、会社法施行規則3条3項が詳細にこれを規定する。

⑵　その上で、会社法は、前記の親子関係を創設するための手段を規定する。いわゆる組織再編である。ごく大雑把にいうと、子会社を作るための手段として会社分割が、親会社を作るための手段として、株式移転、株式交換、そして株式交付がそれぞれ制度として用意されている。ちなみに、株式交付は、令和元年会社法改正において新たに設けられたものであり、株式移転、株式交換が完全親子関係を創出するものであるのに対し、そこまでを求めない、いわば「ミニ株式交換」を認めたもの

である。

(3)　以上に述べたところは、結合企業の「フレーム」といってもよい。結合企業関係の創出を自由に認めるだけでは、「仏作って魂入れず」になりかねない。結合企業法制は、結合企業そのものを一体として法的に取り扱うための操作概念である以上、作った制度を動かす段階においても、かかる態度が貫かれなければならない。それが、①結合企業の内部統制と、②会計の連結制度、そして、③多重代表訴訟である。専ら会計に関わる②を除き説明するに、①は、結合企業においては、内部統制も結合企業段階で働かせようとするものである。他方、②は、結合企業単位で代表訴訟を認め、結合企業単位でのガバナンスを働かせようとするものである。これにより、A会社の株主が、B会社の取締役の任務懈怠を、株主代表訴訟により責任追及することができることとなった。

❷　株主代表訴訟・多重代表訴訟による結合企業のガバナンスのエンフォースメント

(1)　株主代表訴訟と多重代表訴訟

　ここで、目を転じて、株主代表訴訟・多重代表訴訟により結合企業のガバナンスの是正を図る方策につき検討してみよう。分かりやすくするため、まず、社外取締役がいないCaseで考えてみる（議論を簡単にするため、取締役を1名のみとして考える。）。

【Case 1】

　Xは、P株式会社の株主であり、Q株式会社は、Pの100％子会社である。そして、Y₁は、P社の取締役、Y₂は、Q社の取締役である。Y₁は、P社の事実上の支配者として、P社グループに君臨し、Y₂は、その子飼いの部下である。Y₁は、Y₂に命じ、Q社を通してY₁の支配する別会社R社に巨額の貸付けをさせ、Y₁は、その資金を美術品の購入等専ら私用のため費消し、同貸付けは、事実上回収困難となった。Xは、株主代表訴訟により、Y₁及びY₂に対し、損害賠償責任を追及したいと考えている。

　XのY₁に対する責任追及は、通常の株主代表訴訟であり、XのY₂に対する責任追及は、親会社株主が子会社の取締役の責任を追及するという形態であり、いわゆる多重代表訴訟（正確には、最終完全親会社等の株主による特定責任追及の訴え：会社847の3以下）である[1]。通常の株主代表訴訟（会社847）が単独株主権であるのに対し、多重代表訴訟（会社847の3）は、少数株主権とされ、「総株主の議決権の100分の1」という特殊要件の制約が付されている。

(2)　多重代表訴訟における親会社損害要件

　【Case 1】は、実際に見聞した事例を、守秘義務に反しない限度で変容・簡略化したものである。【Case 1】においては、Y₁及びY₂の任務懈怠があらかじめ前提とされているが、実際には、その立証は相当な困難に遭遇しよう。ここで述べたいのは、それにも増して、もう1つの重要争点である損害論においても、立証上のハードルが控えているということである。

※1　上田純子＝菅原貴与志＝松嶋隆弘編『改正会社法　解説と実務への影響』189頁以下〔深山徹執筆〕参照（三協法規出版2015）。

便宜上Y₂に対する多重代表訴訟の方から説明するに、会社法847条の3第1項2号は、「当該特定責任の原因となった事実によって当該最終完全親会社等に損害が生じていない場合」はこの限りでないと規定し、多重代表訴訟の提起に当たり、親会社たる自身に損害が生じていることを必要としている（親会社損害要件）。ここでは、結合企業のガバナンスの実効を期す制度でありながら、子会社とは別の親会社単体の損害が要件とされているのである。

(3) 子会社に生じた損害と親会社の損害

他方、Y₁に対する株主代表訴訟の場合、基本的に、子会社に生じた損害は、基本的に子会社自身の損害にすぎず、基本的には、親会社の損害としてはカウントされない。かかる場合、子会社の損害が、親会社の損害になるといえるためには、子会社に生じた損害が、親会社の株式や企業価値の下落として結実する必要があることになる。これは、立証という観点からすると、親会社の損害を立証するためには、親会社の株式価値、企業価値の評価という作業を介在させることを意味する。これは、原告となる者（X）にとって、相当なハードルとならざるを得ない。

かかる困難を解決する方策として、例えば旧商法下のものであるが、最高裁平成5年9月9日第一小法廷判決（民集47巻7号4814頁）は、T株式会社の株主が、T社の100％子会社S社による法令違反のT社株式の取得により、T社が、買受代金と売渡代金の差額35億5,160万円の損害を受けた旨主張し、Tの取締役に対し、株主代表訴訟の訴えを提起したという事案につき、「S社の資産は、本件株式の買入価格81億1500万円と売渡価格46億6340万円との差額に相当する35億5160万円減少しているのであるから、他に特段の主張立証のない本件においては、S社の全株式を有するT社は同額に相当する資産の減少を来しこれと同額の損害を受けたものというべきである。また、T社の受けた右損害とS社が本件株式を取得したこととの間に相当因果関係があることも明らか

である」旨判示し、本件株式の取得によりT社が35億5,160万円の損害を受けたとする原審の判断を是認している。

このような判断枠組みを用いることができれば、立証上のハードルを下げることが可能となる。ただ、かかる判断枠組みが、個別企業ごとに損害を必要とする親会社損害要件と抵触するのでないかについては、更なる検討が必要と解される。

③ 親会社の社外取締役が果たすべき役割

【Case 1】から明らかなとおり、株主代表訴訟、多重代表訴訟は、有事の場面での対決型の手段であり、ハード・ランディングといってもよい。Xサイドは、相応の立証上の負担も覚悟しなければならない。社外取締役を入れることで、Y_1の「独裁」が少しでも是正されることが期待されている。

【Case 2】
　【Case 1】のP社において、社外取締役Y_3が存在していた。Y_3は、Y_1に対し、反対の意思表明を行ったり、社外取締役として辞任を含むしかるべき対応をせざるを得ない旨を申し入れるなど、Y_1による違法、不当な行為が行われないように一定の限度でその義務を果たしていた。そしてその結果、その後の貸付けについては取締役会の承認が必要とされることとなった。しかし、Y_1は、かかるルールを無視して、取締役会の承認決議を経ないまま、再び同様の行為を行っている。Xは、Y_3に対しても、株主代表訴訟により責任を追及することにした。

【Case 2】では、社外取締役であるY_3が果たすべき役割について問われている。類似の事例（社外取締役でなく、監査役であった）として、

大阪高裁平成27年5月21日判決（金判1469号16頁）[※2]は、「Y₃が…取締役会への出席を通じて、Y₁による一連の任務懈怠行為の内容を熟知していたことをも併せ考えると、Y₃には、監査役の職務として、本件監査役監査規程に基づき、取締役会に対し、P社の資金を定められた使途に反して合理的な理由なく不当に流出させるといった行為に対処するための内部統制システムを構築するよう助言又は勧告すべき義務があった」とした上で、「Y₃が、P社の取締役ら又は取締役会に対し、このような助言又は勧告を行ったことを認めるに足りる証拠はないのであるから、Y₃が上記助言又は勧告を行わなかったことは、上記の監査役の義務に違反するものであった」旨判示した。そしてさらに、「Y₁の一連の行為は、Y₁がP社の代表取締役として不適格であることを示すものであることは明らかであるから、監査役として取締役の職務の執行を監査すべき立場にあるY₃としては、P社の取締役ら又は取締役会に対し、Y₁を代表取締役から解職すべきである旨を助言又は勧告すべき」であったのであり、「Y₃が、P社の取締役ら又は取締役会に対し、このような助言又は勧告を行ったことを認めるに足りる証拠はないのであるから、Y₃が上記助言又は勧告を行わなかったことは、上記の義務に違反するものであった」旨述べる。ただ、「Y₃を含むP社の監査役会は、Y₁によって行われた一連の任務懈怠行為に対して、取締役会において度々疑義を表明したり、事実関係の報告を求めるなどしており、……監査役として、取締役の職務執行の監査を行い、一定の限度でその義務を果たしていた」として、重過失を否定し、結果として、裁判所は、責任限定契約の定める限度で、Y₃が会社法423条1項所定の損害賠償責任を負い、その額が責任額であると査定した[※3]。

　前掲大阪高裁平成27年5月21日判決は、結合企業の事例ではなく単

※2　判例評釈として、續孝史・税務事例48巻12号69頁（2016）。
※3　松嶋隆弘「企業の不正会計事例から見る中小企業のガバナンス」税理60巻8号2頁（2017）。

体の企業の事例であり、かつ被告とされた役員は監査役であった。ただ、社外取締役は、要は「取り締まる」役目であり、ほぼ監査役と役割がオーバーラップするため、監査役か社外取締役家であるかといった事情は、有意な違いではない。結果として、前記判示は、【Case 2】における社外取締役Y₃にそのまま妥当するといわなければならない。すなわち、単にアリバイとして、ガミガミというだけでは足りず、時として、専横な代表取締役に対する解職までも助言・勧告すべきことが義務として要求されているのであり、その懈怠は、代表訴訟により追及されるということである。

　社外取締役に就任するということは、時として孤独で辛い立場に立つことを意味し、法は、それに耐えることすら要求している。そのため「しがらみがない」独立した人物であることを「社外」性の要件が要求しており（会社２十五ホ）、かかる任務を果たすことを前提として、過剰な責任を負担せずに済むよう責任限定契約が用意されている（会社427）。そして、社外取締役が過度に孤立することがないよう、社外取締役の活躍できる場を保障すべく、会社法は、指名委員会等設置会社、監査等委員会設置会社といったモニタリング型会社形態を用意し、モニタリング型へ移行するように、監査等委員会設置会社の取締役会における、重要な業務執行の決定の取締役への委任（会社399の13⑤）というインセンティブ規制を用意しているのである。

❹　子会社の社外取締役が果たすべき役割

【Case 3】
　【Case 1】のQ社が、P社の子会社のまま上場をすることとなり、Q社は、新たに社外取締役としてY₄を迎えることになった。

今度は、子会社における社外取締役の役割につき考えてみよう。100％子会社において社外取締役がいる必要はないので、考えられるとしたら、Q社が100％子会社でない場合である。我が国には、子会社上場といい、親子関係を維持しつつ、子会社が上場する例があり、かかる場合においては、社外取締役が子会社にも存在し得る。

　【Case 3】におけるQ社は完全子会社でないので、Y_4は、Xからの多重代表訴訟には怯える必要がない。その代わりに、Q社には、P社以外の株主がおり、かかる少数株主の保護が図られなければならない。社外取締役として要求される義務の程度は、前掲大阪高裁平成27年5月21日判決が述べたことと同様であり、Y_4は、今度は、かかる少数株主からの代表訴訟リスクにさらされることとなる。Y_4は、少なくともY_1の代弁者であるY_2に対して、少数株主の保護のため、体を張らなければならないこととなる。

5　裁判例の集積による具体化が今後の課題

　以上の検討から明らかなとおり、社外取締役の規制が充実・強化されるに従い、社外取締役の職責は、ますます重いものとなってきている。ここでは、結合企業における社外取締役の役割につき、若干の検討をしたにとどまる。今後、裁判例の集積により、「義務」の内容が具体化していくことが期待される。

［松嶋　隆弘］

第3章
コンプライアンス周辺の
税務問題

1

会社役員賠償責任保険
（D&O保険）と税務

I D&O保険の概要と動向

1 近年のD&O保険の動向

　会社役員賠償責任保険（以下「D&O保険」という。）は、会社の役員が、その業務につき行った行為に起因して、会社又は第三者に損害を与えたとの理由で損害賠償請求を受けた場合に、当該役員が負担する損害賠償金及び争訟費用を填補する保険である。後述するとおり、我が国においてもD&O保険が一定程度浸透したものと思われるが、そうした現状を受けて会社法が改正されるに至った。D&O保険は、優秀な役員人材を確保するための必須アイテムとなっているといっても過言ではないと思われる現下において、近年税務上の取扱いが大きく変更されたことも実務に大きなインパクトを与えたものと思われる。

　ところで、D&O保険は、役員に対する民事責任の追及が頻繁になされる米国で発達した保険である[1]。我が国においても昭和40年代中頃（1970年代）からD&O保険の導入が検討されていたものの、役員の損害賠償責任リスクの低い我が国においては、D&O保険のニーズがあまりなかったといわれており[2]、当初の浸透程度は低いものであったと解される。

　その後、平成5年の商法改正で株主代表訴訟提起時の納付手数料額が

※1　アメリカを中心としたD&O保険の発展と課題については、山越誠司『先端的D&O保険　会社役員賠償責任保険の有効活用術』第1章及び第2章に詳しい（保険毎日新聞社2019）。

※2　新木伸一＝高柳奈緒子「会社役員賠償責任保険の最新事情と再検討」監査役575号44頁（2010）。

大幅に引き下げられたことなどを契機として[※3]、株主代表訴訟に対する社会的な関心が広がりを見せることと相俟って、D&O保険に関するニーズが高まった。特に、いわゆる大和銀行株主代表訴訟大阪地裁平成12年9月20日判決（判時1721号3頁）が、被告役員のうち11名に対して、総額7億7,500万ドル（当時の日本円に換算して829億円）の損害賠償を命ずる判決を言い渡したことは社会的に大きな関心を集め、これによりD&O保険に新たに加入し、または塡補限度額を上げる企業が急増したといわれている[※4]。

このような背景から、我が国においてもD&O保険が浸透し[※5]、平成30年度には損害保険大手4社で契約件数が初めて1万件を超えるなどしている状況にある[※6]。

② モラルハザードかガバナンスの強化か

我が国においては、そもそも会社がD&O保険を契約していいのか、そして会社がその保険料を負担してよいのかという議論が交わされてきた。D&O保険契約には、一方で、役員等に対して適切なインセンティブを付与するという意義が認められるのに対し、他方で、その内容によっては、役員の職務の適正性が損なわれるおそれが指摘されていた[※7]。これは、役員の責任について保険でカバーされることになると、役員の行動が慎重さを欠いたものになり、モラルハザードが生じるのではないか

※3　伊藤卓「新会社法施行に伴う会社役員賠償責任保険への影響」商事1774号72頁（2006）。

※4　新木＝高柳・前掲※2、44頁。

※5　労政時報の平成30年の調査によれば、調査対象会社の約4分の3を占める会社がD&O保険に加入しており、D&O保険に現在加入している会社のうち93%が、社外取締役を保険の対象に含めているという（「2018年役員報酬・賞与等の最新実態」労政時報3964号37頁（2018））。

※6　平成31年1月16日付け日本経済新聞「広がる役員賠償保険、18年度は初の1万件突破へ ―企業は不祥事リスクに備え―」。

※7　中東正文「会社補償・D&O保険」ジュリ1542号51頁（2020）。

という危惧である[8]。また、取締役の会社に対する損害賠償責任をも補填の対象とする保険契約を会社が締結することにつき、会社と取締役との間の利益相反性が顕著であるという問題があり[9]、会社が役員のためにD&O保険の保険料を支払うこと自体が株主代表訴訟の訴訟原因となるという厳しい見解もあった[10]。

もっとも、それに対しては、実務上、保険会社において保険金額には一定の条件があり、また、役員が私的利益を得たことによる賠償責任や故意の違法行為による賠償責任は填補されず、基本的には取締役の経営判断ミスによる注意義務違反に起因する会社に対する賠償責任や、第三者に対する賠償責任及び訴訟の防御費用をカバーするものであり、これらは職務執行上必然的に生じるリスクであって、有能な人材を役員に獲得し、かつ会社に生じる損害を保険金により填補する目的でこの保険を利用することの合理性が認められるとの見解もあった[11]。

このように見解が対立してきたところであるが、少なくとも後述する令和元年12月の会社法改正は、D&O保険を、役員として優秀な人材を確保するとともに、役員が過度にリスクを回避することがないように役員に対し適切なインセンティブを付与するための手段の1つであると考えているものと思われる[12]。

また、ガバナンスの強化が叫ばれ、とりわけ社外取締役による経営の監視に期待が寄せられる中で、社外取締役が安心して経営に参画できる担保は必須であると考えられる[13]。したがって、D&O保険の活用は[14]、優秀な人材確保、ひいては企業のコンプライアンスの遵守・徹底に資するものと解しておきたい。

※8　新木＝高柳・前掲※2、44頁。
※9　中東・前掲※7、51頁。
※10　山越・前掲※1、162頁。
※11　新木＝高柳・前掲※2、44頁。
※12　法制審議会会社法制（企業統治等関係）部会資料1、4頁。
※13　太子堂厚子「社外取締役の人材確保につながる会社役員賠償責任保険の活用に関す

3 会社法改正

(1) 背景

上記のとおり、ガバナンスの強化の観点からも注目を浴びるD&O保険であるが、会社法上の根拠規定が存在しないという問題があった。そこでは、D&O保険の保険料のうち、役員等が会社に対して負う賠償責任に係る部分を会社が支払うことの可否について、実務はある程度固まってはいたものの、学説は分かれていた状態にあった[15]。実務上は、株主代表訴訟担保特約（代表訴訟に敗訴した場合における損害賠償金と争訟費用を担保する特約）部分の保険料（以下「特約部分保険料」ともいう。）については、役員個人が経済的に負担するものとされており、この実務は、特約部分保険料を会社が負担してよいかにつき解釈上の争いがあった中において、「実務上安全策」をとったものと理解されてきた[16]。

そうした背景の下、経済産業省「コーポレート・ガバナンス・システムの在り方に関する研究会」は、平成27年7月24日付けで「法的論点に関する解釈指針」（以下「解釈指針」という。）を公表し、現行法においても適法に特約部分保険料を会社が負担することができるとする法解釈を示し、その場合に必要となる手続を明らかにした。

そこでは、まず、役員が会社に対して損害賠償責任を負うことにより、①会社の損害が回復され（損害填補機能）、②違法行為が抑止される効果（違法抑止機能）があるとされている。そして、①損害填補機能

る実務ポイント」経理情報1425号13頁（2015）も参照。

[14] D&O保険の運用や手続きについては、山越誠司＝大津康子「上場会社のD&O保険の論点と社内手続」ビジネスロー・ジャーナル11巻6号48頁（2018）、山越誠司＝小菅玲子「グローバル企業が抱えるD&O保険の課題」ビジネスロー・ジャーナル12巻6号74頁（2019）参照。

[15] 江頭憲治郎『株式会社法〔第7版〕』491頁（有斐閣2017）、松田真治「会社補償とD&O保険」税理62巻6号177頁（2019）。

[16] 解釈指針11頁。

の観点からは、D&O保険により会社の損害が回復されることから、会社が特約部分保険料を負担してD&O保険に加入することは、何ら妨げられるものではないとする。さらに、②違法抑止機能の観点からも、我が国の標準的なD&O保険は、犯罪行為や法令違反を認識しながら行った行為等の悪質な行為は免責としており、カバーしているのは職務執行から生じる不可避的なリスクであることから、不適切なインセンティブが設定されることはなく、違法抑止機能の観点からも問題はないとし、したがって、会社が特約部分保険料を負担することに、会社法の解釈上の問題はないとするのである。なお、必要となる手続として、①取締役会の承認と、②a 社外取締役が過半数の構成員である任意の委員会の同意又は②b 社外取締役全員の同意を得ることが必要であるとしている。

(2) 会社法改正の内容

従来の実務上の取扱いに対し、このような法解釈の指針が示されてきた状況であったが、令和元年法律第70号による会社法改正（令和元年12月4日成立）によって、この点に関する規定の新設がなされることとなった。同改正は、役員個人が役員の地位に関係して損害賠償請求等の対象となるリスクの高まりに対して、これらに対する適切な会社法上の制度を整備することを目的としている[17]。

以下、同改正のポイント[18]を改正のもととなった法制審議会会社法制（企業統治等関係）部会「会社法制（企業統治等関係）の見直しに関する要綱案」（以下「要綱案」という。）[19]を軸に簡潔に確認する。

---

[17] 松本絢子「会社補償・役員等賠償責任保険をめぐる規律の整備」ビジネス法務19巻6号34頁（2019）。葭田英人「会社法改正中間試案における『会社補償』と『役員等賠償責任保険契約（D&O保険）』の課題」会社法務A2Z 138号35頁（2018）も参照。

[18] 松田・前掲[15]、172頁。役員等賠償責任保険契約に関する開示については割愛する。

[19] 部会での審議経過等について、神田秀樹「『会社法制（企業統治等関係）の見直しに関する要綱案』の解説Ⅳ」商事2194号4頁（2019）。

> ①　役員等賠償責任保険契約についての定義付け
> ②　契約内容の決定機関の明確化
> ③　通常の利益相反取引規制の除外

ア　役員等賠償責任保険契約についての定義付け

　「役員等賠償責任保険契約」とは、「株式会社が、保険者との間で締結する保険契約のうち役員等[20]がその職務の執行に関し責任を負うこと又は当該責任の追及に係る請求を受けることによって生ずることのある損害を保険者が填補することを約するものであって、役員等を被保険者とするもの（当該保険契約を締結することにより被保険者である役員等の職務の執行の適正性が著しく損なわれるおそれがないものとして法務省令で定めるものを除く。）」と定義された（会社430の3①）。ここで除外される「法務省令で定めるもの」とは、いわゆる生産物賠償責任保険（PL保険）、企業総合賠償責任保険（CGL保険）、自動車賠償責任保険、海外旅行保険等に係る保険契約が予定されている[21]・[22]。これらは、被保険者である役員等の職務の執行の適正性を損なうおそれのないものとして除外されている[23]。

　したがって、役員等賠償責任保険契約に関する手続規制の射程に及ぶか否かは、「被保険者である役員等の職務の執行の適正性を損なうおそれ」の程度をもって判断することになろう[24]。

※20　ここで、「役員等」とは、会社法423条《役員等の株式会社に対する損害賠償責任》の定めるところと同様、取締役、会計参与、監査役、執行役又は会計監査人を指す。
※21　要綱案11頁。
※22　なお、これは限定列挙ではなく、例示列挙であると解されている（神田・前掲※**19**、12頁）。
※23　法制審議会会社法制（企業統治等関係）部会資料24、4頁。
※24　部会資料24、2頁参照。

イ　契約内容の決定機関の明確化

　株式会社が、役員等賠償責任保険契約の内容の決定をするには、株主総会（取締役会設置会社にあっては、取締役会）の決議によらなければならないものとされた（会社430の3①）。

　なお、前掲の解釈指針における議論は、D&O保険に係る保険料に関し特約部分保険料も含めて、保険料全額を会社負担としてよいかを検討していたものであり、保険契約の内容の決定に係るものではなかった[25]。この点、株式会社においては、これまで保険契約の締結に際して、株主総会又は取締役会の決議を経ていなかったところ、役員等賠償責任保険契約については新たに手続を要することとされたものである[26]。手続面からも一層適正性が担保されることになるのではなかろうか。

ウ　通常の利益相反取引規制の除外

　取締役会等の決議を経た役員等賠償責任保険契約については、利益相反取引規制に関する各規定（会社356①、365②、419②、423③、428①）と（会社430の2②）、自己代理に関する規定（民108）は適用されないこととされた（改正会社430の3③）。

(3)　小括

　上記の改正を受けて、保険契約の内容の決定とその情報開示についての具体的な対応が必要となると指摘されているが[27]、コンプライアンスの観点からは、決定プロセスの適正性や、適切な情報開示[28]が求められていくべきではなかろうか。

※25　中東・前掲※7、52頁。
※26　中東・前掲※7、52頁。
※27　三笘裕「要綱決定に至る経緯と実務対応の全体像」ビジネス法務19巻6号15頁（2019）。
※28　なお、令和元年の改正では、役員等賠償責任保険契約に係る保険料、保険金額、保険給付の金額等の金額の開示までは求められていない。

II D&O保険に係る税務上の取扱い

1 従来の取扱い

　上記のとおり、D&O保険に係る保険料に関して特約部分も含めて保険料全額を会社負担としてよいかについては、解釈指針によってその適法性が示されるまで見解が分かれていた。かねてより、実質的に見て取締役の責任を緩和ないし一部免除するD&O保険については、取締役の責任免除に対して会社法が取っている立場に矛盾しないかという問題が指摘されてきたが[29]、利益相反の観点から、取締役が会社に対して負う賠償責任に関する部分を会社が支払うことの是非については様々な見解があった。会社の損害賠償請求権の事前かつ一般的放棄に当たり違法とする見解のほか、定款・株主総会決議で定めれば可能とする見解、D&O保険の補填範囲に鑑みればそれは会社の利益になる支出であり当然に可能とする見解もあった[30]。

　実務上は、特約部分保険料については、役員個人が経済的に負担するものとされてきたが、この実務が、解釈上の争いがあった中において、「実務上安全策」をとったものといわれていることも既述のとおりである[31]。

　かようなD&O保険の税務上の取扱いについては、平成6年1月20日付け国税庁長官通達（課法8-2ほか）「会社役員賠償責任保険の保険料の税務上の取扱いについて」（以下「従来の取扱い」という。）が発遣されており、そこでは、「基本契約に係る保険料を会社が負担した場合の当該保険料については、役員個人に対する給与課税を行う必要はない」

---

[29] 神作裕之「会社役員賠償責任保険の会社法に与える影響」学習院大学法学部研究年報29号91頁（1994）、山下友信「会社役員賠償責任保険と会社法」ジュリ1031号50頁（1993）も参照。

[30] それぞれ、江頭・前掲[15]、491頁参照。

[31] 解釈指針11頁。

とする一方、特約部分保険料については「役員に対して経済的利益の供与があったものとして給与課税を要する。」と示されていた。そして、基本契約の保険料についてかような取扱いをすべきとする理由の1つとして、「所得税基本通達36-33及び法人税基本通達9-7-16の趣旨に照らし、…役員に対する経済的利益の供与はないものとして給与課税を行う必要はない。」と説明されている（後述）。

このように、基本契約部分と特約部分保険料について、前者については会社負担を認め、後者については役員等の負担として給与所得課税をする取扱いがなされてきたところである。

●図表‐2　従来の取扱い

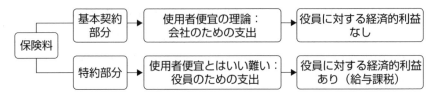

2 現行の取扱い

その後、解釈指針によって、適切な手続を経れば会社法上適法に特約部分保険料も負担することができるとの解釈が示されたわけであるが、経済産業省からの照会を受け、国税庁は平成28年2月24日、「新たな会社役員賠償責任保険の保険料の税務上の取扱いについて（情報）」（以下「新たな取扱い」という。）を公表した。

すなわち、これは、解釈指針によって会社法の解釈が明確化されたことを踏まえると、「株主代表訴訟敗訴時担保部分を特約として区分する必要がなくなることから、普通保険約款等において株主代表訴訟敗訴時担保部分を免責する旨の条項を設けない新たな会社役員賠償責任保険の販売が想定され」る中で、今後の税務上の取扱いを示したものである

が、そこでは、以下のような回答がなされている。

> ①　新たな会社役員賠償責任保険の保険料を会社が上記…の手続きを行うことにより会社法上適法に負担した場合には、役員に対する経済的利益の供与はないと考えられることから、役員個人に対する給与課税を行う必要はありません。
> ②　上記①以外の会社役員賠償責任保険の保険料を会社が負担した場合には、従前の取扱いのとおり、役員に対する経済的利益の供与があったと考えられることから、役員個人に対する給与課税を行う必要があります。

　このように、D&O保険に係る税務上の取扱いについては、解釈指針の公表によって大きく変更されたとみることができるであろう[※32]。

③　検討

⑴　従来の取扱い

　役員等賠償責任保険契約に係る税務上の取扱いを考えるに当たって、まず従来の取扱いから考えてみたい。

　従来の取扱いでは、特約部分保険料は、「所得税基本通達36-33及び法人税基本通達9-7-16の趣旨に照らし」て、役員に対する経済的利益の供与はないものとして給与課税を行う必要はないものとされていたところであるが、所得税基本通達36-33《使用者が負担する役員又は使用人の行為に基因する損害賠償金等》はいわゆるフリンジ・ベネフィット（追加的給付）に係る所得税基本通達の1つである。すなわち、同通

[※32] 労政時報の調査によると、新たな取扱い公表以降、現在の保険料負担の取扱いについて、「会社が負担」している企業の割合は全体の81.0%を占めているといい、実務も大きく変わっていることが分かる（労政時報・前掲[※5]、39頁）。

達は、使用者が負担する役員等の行為に基因する損害賠償金等について
の課税実務上の取扱いを示すものであるが、損害賠償金等の基因となっ
た行為が使用者の業務の遂行に関連するものであり、かつ、行為者の故
意又は重過失に基づかないものである場合には、その役員又は使用人が
受ける経済的利益はないものとされている。

ア　フリンジ・ベネフィット

　我が国においては、給与所得者は、使用者から現金以外の様々な形で
給付を受け取るが、これらの現金以外の給付を総称して「フリンジ・ベ
ネフィット」と呼ぶ[33]。包括的所得概念を採用している我が国では[34]、
それらもその時の価額をもって給与所得の収入金額に含めることが法の
建前であると解される（所法36①②）。しかしながら、所得税法9条（非
課税所得）1項5号の通勤手当の非課税規定をはじめとして、その全てが
課税対象とされているわけではない。ここで、とりわけ問題となるのは、
そうした法の定めた非課税所得に加えて、課税実務において所得税基本
通達が多くのフリンジ・ベネフィットについて「課税しなくて差し支え
ない。」として、その課税を見送っている現状であるといえるのではなか
ろうか（合法性の原則違反のおそれ）。

イ　所得税基本通達36-33

**所得税基本通達36-33《使用者が負担する役員又は使用人の行為に
基因する損害賠償金等》**
　　使用者が役員又は使用人の行為に基因する損害賠償金…を負担
　することにより当該役員又は使用人が受ける経済的利益について

---

[33]　金子宏『租税法〔第23版〕』244頁（弘文堂2019）、酒井克彦『所得税法の論点研究』
　　231頁（財経詳報社2011）。
[34]　金子・前掲[33]、195頁。

は、次による。

⑴　その損害賠償金等の基因となった行為が使用者の業務の遂行
　　に関連するものであり、かつ、行為者の故意又は重過失に基づ
　　かないものである場合には、その役員又は使用人が受ける経済
　　的利益はないものとする。

⑵　その損害賠償金等の基因となった行為が⑴以外のものである
　　場合には、その負担する金額は、その役員又は使用人に対する
　　給与等とする。

　所得税基本通達36−33は、上記のような場合において「経済的利益は
ないものとする」旨を示達している。役員等が支払うべき損害賠償金等
を会社（使用者）が肩代わりした以上、役員等はその分の経済的利益を
享受しているものと解すべと思われるところ、かかる「経済的利益はな
いものとする」のであるから、そこでの法的な根拠を探る必要があろう。

　フリンジ・ベネフィットの非課税を説明するための立論としてはいく
つかのアプローチを考え得るが[35]、ここでは、「使用者便宜の理論」に
着目したい。

　使用者便宜の理論とは、フリンジ・ベネフィットが専ら使用者のため
に支給される場合に、従業員等における所得の発生の認識を否定する理
論である[36]。この考え方によれば、使用者が自らのために従業員等に
支給したフリンジ・ベネフィットについては、従業員等に経済的利益が
ないものと捉え得るところ、所得税基本通達36−33をこの観点から説
明することもできなくはないように思われる。すなわち、使用者が使用
人の損害賠償金を肩代わりする場合、本来であれば使用人には肩代わり

----

[35]　酒井・前掲※33、232頁以下、酒井克彦＝臼倉真純「所得税基本通達にみるフリン
　　ジ・ベネフィットの取扱い」酒井編著監修『通達のチェックポイント―所得税裁判
　　事例精選20―』314頁（第一法規2018）参照。
[36]　酒井・前掲※33、242頁。

相当の経済的利益が生じていると解されるところ、「使用者の業務の遂行に関連する」ものである場合には、使用者のために支払われたものとして、使用人につき給与所得が発生しないものと整理することもできるのではなかろうか[37]。

ウ　従来の取扱いの整理

　従来の取扱いが、かような所得税基本通達36-33の趣旨から説明されるものであることに鑑みると、普通約款部分の保険料については使用者便宜の理論から給与所得課税をしない取扱いを導き出せるにようにも思われる。すなわち、D&O保険契約に①損害填補機能と②違法抑止機能があるとすれば[38]、少なくとも普通約款部分の保険料の支払は使用者たる会社の便宜といって差し支えないものと解される。これに対して、特約部分保険料については、会社の便宜というよりは使用人たる役員の便宜の性格を持っていると解されることから、給与課税が行われてきたものと理解することができるのではなかろうか。もっとも、そもそも会社が役務提供対価として支出したわけではない支払までも、果たして会社が役員に支払った給与といい得るのかという議論もあり得よう[39]。特約部分保険料の支払のように、会社と利益相反のおそれのある範囲に係る支払にあってはなおのこと、そのような疑問を抱くところでもあり、会社の意思の面からは、給与課税を行うとする従来の取扱いには疑問を寄せる点があったともいえそうである。

(2)　新たな取扱い

　従来の取扱いについては、仮に使用者便宜の理論で説明をすることが

----

[37]　ただし、使用者から使用人への求償権に着目すると、かような整理では説明が付かなくもなり、合法性の原則の観点から疑義を抱き得る。
[38]　解釈指針11～12頁。
[39]　酒井克彦「D&O保険に関する課税上の取扱い」税理60巻14号167頁（2017）。

できるとして、新たな取扱いについてはどうであろうか。上記のとおり、D&O保険契約の保険料の全てを会社負担として給与課税を行わなくてよいとする取扱いである以上、使用者便宜の理論とは相いれない面が出てきはしないだろうか。

この点、新たな取扱いが示すように役員に対する「経済的利益の供与はない」と考えることができるかどうかについては判断に迷う。D&O保険が「インセンティブ」としての機能を有することが解釈指針でも明らかにされていることを踏まえると、付与されたインセンティブをないものと捉えることの根拠が求められるようにも思われるのである。このように考えると、新たな取扱いについては、フリンジ・ベネフィット課税の観点から疑問を挟むべきことになるのであろうか。

(3) 会社法の改正を踏まえた議論

ところで、会社法上の議論として、役員に対する支給が費用なのか報酬なのかは、①職務との関連性、②職務執行のための必要性、③役員が職務を離れて私的な便益を受けているか、といった観点を総合考慮して判断すべきであると解されている[40]。この判断基準によってD&O保険の保険料負担を考えるに、当該保険料の支払は報酬ではなく費用と解されることになるというのが解釈指針で示された考え方である[41]。

このような会社法上の議論を加味すると、D&O保険の保険料については会社の費用として扱われるものであって、すなわち役員に対する給与（会社法上の報酬）には該当しないという整理をし得る可能性も出てくるのではなかろうか。

もっとも、これは会社法上の議論の整理であって、D&O保険の保険

※40　落合誠一編『会社法コンメンタール8 － 機関（2）』151頁（商事法務2009）参照。なお、解釈指針もこの考え方に拠っている（解釈指針注21）。

※41　太子堂厚子「会社役員賠償責任保険の活用をめぐる論点」東京株式懇話会會報779号5頁（2016）も参照。

料が会社の費用であることを法的に決定づけるものにはなり得ないという反論もあるかもしれない。

　しかしながら、令和元年の会社法の改正を踏まえるとどうであろうか。会社法は、株式会社が、役員等賠償責任保険契約の内容の決定をするには、株主総会（取締役会設置会社にあっては、取締役会）の決議によらなければならないものとしている（会社430の3①）。この点、株主総会（取締役会）の判断によるということは、会社の意思が制度上明らかにされることを意味するものと思われる。そうであるとすると、適正な手続を経て締結された役員等賠償責任保険契約は、会社にとって必要不可欠なものであるとの会社の意思を示すものといえるのではなかろうか。すなわち、株主総会（取締役会）の判断に裏付けされた使用者たる会社便宜の意思が明らかになっているものと解することができれば、かかる保険料の負担について給与所得課税をしない新たな取扱いを許容することもできるように思われるのである。なお、従来の取扱いに関しては会社意思の観点から疑問を寄せる余地があったと思われる旨を述べたが、新たな取扱いを上記のように整理することは、会社の意思に即した給与所得課税の是非を巡る解釈としても整合的であるものと解しておきたい。

●図表 - 3　新たな取扱い

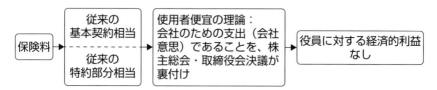

(4)　まとめ

　本章では、D&O保険が我が国において浸透してきた過程で、どのような議論があったかを簡単に踏まえた上で、令和元年の会社法改正において明確化された役員等賠償責任保険契約について確認してきた。また、解釈指針の公表によってD&O保険の税務上の取扱いが大きく異なったことを確認するとともに、従来の取扱いと新たな取扱いのそれぞれにつき、フリンジ・ベネフィット課税の観点から若干の検討を加えたものである。改正会社法の施行に伴い、今後D&O保険を巡る新たな論点も登場するものと思われるが、今後もその動向を注視していきたいと考えている。

［酒井　克彦／臼倉　真純］

公益通報者保護と租税法

I 問題関心

　近年、事業者内部からの内部告発を契機として、国民生活の安心や安全を損なうような企業不祥事が相次いで明らかになっている。かような法令違反行為を通報した労働者を解雇等の不利益な取扱いから保護し、ひいては事業者のコンプライアンス（法令遵守）経営を強化するために、公益通報者保護法（平成16年6月18日法律第122号）が平成18年4月に施行されている。同法は、令和2年6月に、事業主に公益通報に係る体制整備を義務付ける（従業員数が300人以下の中小企業については努力義務）ほか、保護される通報の範囲や保護の内容の拡大といった改正がなされたことで（令和2年法律第51号）、改めて注目を集めているところである。しかしながら、後述するとおり、租税法違反に係る内部告発については同法の適用対象外となっている。すなわち、従業員が会社の脱税を知りそれを正すべく内部告発をした場合、かかる従業員は公益通報者保護法では保護されないのである。

　本節では、この制度の意義や特徴を概観した上で、脱税情報に関する内部告発を行った者が同制度の適用対象から除外されていることの問題点を明らかにすることとしたい[※1]。

※1　この点を端的に示したものとして、酒井克彦「租税法違反と公益通報者保護法」税務経理9849号1頁（2020）参照。

II　公益通報者保護法の意義

1　公益通報者保護制度概観

　公益通報者保護法は、公益通報をしたことを理由とする公益通報者の解雇の無効等並びに公益通報に関し事業者及び行政機関がとるべき措置を定めることにより、公益通報者の保護を図るとともに、国民の生命、身体、財産その他の利益の保護に関わる法令の規定の遵守を図り、もって国民生活の安定及び社会経済の健全な発展に資することを目的としている（保護法1）[※2]。ここにいう「公益通報」とは、労働者[※3]が、不正の利益を得る目的、他人に損害を加える目的その他の不正の目的でなく、その労務提供先[※4]又は当該労務提供先の事業に従事する場合におけるその役員、従業員、代理人その他の者について通報対象事実が生じ、又はまさに生じようとしている旨を、当該労務提供先若しくは当該

[※2]　公益通報者保護法の概要については、消費者庁消費者制度課『逐条解説公益通報者保護法』（商事法務2016）、日本弁護士連合会消費者問題対策委員会『通報者のための公益通報ハンドブック』（民事法研究会2005）、角田邦重＝小西啓文『内部告発と公益通報者保護法』〔以下にも引用する時の法令の各論文を編集〕（法律文化社2008）など参照。また、森尾成之「公益通報者保護制度設計における基本的視点」占部裕典＝北村善信＝交告尚史『解釈法学と政策法学』85頁（勁草書房2005）、奥山俊宏『内部告発の力 ―公益通報者保護法は何を守るのか』（現代人文社2004）、丸山満彦「公益通報者保護法の概要」企業リスク5号47頁(2004)、久谷興四郎「『公益通報者保護法』制度の背景とその概要」労働法令通信2045号16頁（2005）、田原南香夫「公益通報者保護法のポイント」地銀協月報549号28頁（2006）、浅見隆行「公益通報者保護法のポイントと内部通報制度構築・運用の留意点」企業と人材39号30頁（2006）。

[※3]　ここにいう「労働者」とは、労働基準法9条《定義》に規定する労働者をいう。

[※4]　ここにいう「労務提供先」とは、次のいずれかに掲げる事業者をいう。

　　①　当該労働者を自ら使用する事業者（次の②及び③に掲げる事業者を除く。）

　　②　当該労働者が派遣労働者である場合において、当該派遣労働者に係る労働者派遣の役務の提供を受ける事業者

　　③　上記①②に掲げる事業者が他の事業者との請負契約その他の契約に基づいて事業を行う場合において、当該労働者が当該事業に従事するときにおける当該他の事業者

労務提供先があらかじめ定めた者（以下「労務提供先等」という。）、当該通報対象事実について処分[※5]若しくは勧告等[※6]をする権限を有する行政機関又はその者に対し当該通報対象事実を通報することがその発生若しくはこれによる被害の拡大を防止するために必要であると認められる者[※7]に通報することをいう（保護法2①）。

ここで、対象となる「通報対象事実」とは、次のいずれかの事実をいうとされている（保護法2③）。

① 個人の生命又は身体の保護、消費者の利益の擁護、環境の保全、公正な競争の確保その他の国民の生命、身体、財産その他の利益の保護に関わる法律として別表に掲げるものに規定する罪の犯罪行為の事実

② 別表に掲げる法律の規定に基づく処分に違反することが①に掲げる事実となる場合における当該処分の理由とされている事実

このような制度は、以前からも核原料物質、核燃料物質及び原子炉の規制に関する法律（昭和32年6月10日法律第166号）66条《原子力規制委員会に対する申告》、労働基準法（昭和22年4月7日法律第49号）104条《監督機関に対する申告》など[※8]において、担当行政官庁等に法令違反を申告することができ、その際企業側は解雇などの不利益処分を

※5　ここにいう「処分」とは、命令、取消しその他公権力の行使に当たる行為をいう。
※6　ここにいう「勧告等」とは、勧告その他処分に当たらない行為をいう。
※7　当該通報対象事実により被害を受け又は受けるおそれがある者を含み、当該労務提供先の競争上の地位その他正当な利益を害するおそれがある者を除く。
※8　労働安全衛生法（昭和47年法律第57号）97条《労働者の申告》、賃金の支払の確保等に関する法律（昭和51年法律第34号）14条《労働者の申告》、労働者派遣事業の適正な運営の確保及び派遣労働者の保護等に関する法律（昭和60年法律第88号）49条の3《厚生労働大臣に対する申告》、家内労働法（昭和45年法律第60号）32条《申告》、船員法（昭和22年法律第100号）112条《船員の申告》、港湾労働法（昭和63年法律第40号）44条《公共職業安定所長に対する申告》、じん肺法（昭和35年法律第30号）43条の2《労働者の申告》、鉱山保安法（昭和24年法律第70号）50条《経済産業大臣等に対する申告》、船員災害防止活動の促進に関する法律（昭和42年法律第61号）64条《船員の申告》を参照。また、労働組合法（昭和24年法律第174号）7条《不当労働行為》等、雇用保険法（昭和49年法律第116号）8条

してはならないなどという制度があったものの、十分に機能していなかったことが指摘されており[※9]、公益通報者保護法が整備されるに至った。

② 公益通報者保護法の意義

(1) 企業の自浄作用としての意義

　公益通報者保護法の内容につき議論を行った国民生活審議会消費者政策部会部会長を務めた落合誠一教授は、同法制定の意義について「予測可能性のある、しかも私的・公的組織をすべて対象とする包括的な法的ルールが公益通報者保護法によって明定されたことは、まず大きなメリット」であるとされる[※10・※11]。解雇濫用法理等による解雇処分等の制限に係る裁判例が集積されてきていたものの、どのような通報であれば公益通報者が保護されるのかという要件が明確になった点が同法制定の大きな意義といえよう[※12]。なお、落合教授は、「この法律が対象とする法令をどの範囲まで取り入れていくかが、この法律の重要性に決定的な意味を持つ」とし、同法附則別表8号で、この法律の対象とされるべ

《確認の請求》等、個別労働関係紛争の解決の促進に関する法律（平成13年法律第112号）4条《当事者に対する助言及び指導》等、雇用の分野における男女の均等な機会及び待遇の確保等に関する法律（昭和47年法律第113号）17条《紛争の解決の援助》・育児休業、介護休業等又は家族介護を行う労働者の福祉に関する法律（平成3年法律第76号）10条《不利益取扱いの禁止》等、運輸安全委員会設置法（昭和48年法律第113号）18条《事故等調査》等も参照。

※9　宮本一子「公益通報者保護法と企業の内部通報システム」高圧ガス40巻6号14頁（2003）。

※10　落合誠一ほか「〔座談会〕消費者基本法、公益通報者保護法の制定の意義について」ESP469号14頁〔落合発言部分〕（2004）。

※11　内閣府国民生活局が主導して法制化を推進したことからも分かるように、我が国における公益通報者保護法は、「"消費者保護"の性格を押し出しながら成立に向かった点に大きな特徴」があるといわれている（浜辺陽一郎「事業者に大きな影響を与える『公益通報者保護法』の施行」アイ60号7頁（2005））。

※12　柿崎環「公益通報者保護法の立法と現場」法セ649号1頁（2009）、浜口厚子「内部告発と公益通報者保護法」月刊監査研究34巻5号12頁（2008）参照。

き法律として政令で定めるものは、「なるべく、ここは広く取り組むという方向で政令指定をすることが必要」と述べられる[13]。

消費者保護政策の歴史について、国民生活審議会消費者政策部会公益通報者保護制度検討委員会委員長であった松本恒雄教授によれば、「21世紀に入ると、市場を利用して消費者の利益になるように企業行動を誘導しようという政策が出てきた。行政コストをかけないで、市場メカニズムを利用して、消費者指向の強い企業、消費者の支持を得た企業が繁栄し、そうでない企業は淘汰されるような仕組みをつくろうというやり方である。」とし、こうした背景の下で、コンプライアンス経営の促進を図る種々の法律が制定・改正され、公益通報者保護法もその流れに沿ったものであるとされる[14]。

この点、松本教授によれば、企業が何ら問題を起こさずに経営を行えば問題はないが、「外からの目がないと、緊張感に欠け、意識的に取り組まないきらいがある。そこで、自主的な取り組みを補完するものとして、種々の外からの目、モニタリングが期待されている。」とされ、したがって、まず、規制行政の下では監督官庁が、次いで株主代表訴訟を通じての株主、投資家の存在、そして消費者や取引先があり、「従業員、社内の目を意識させようとするのが、公益通報者保護の制度である。」と位置付けられる[15]。ただし、同教授は「公益通報者保護法は、経営陣は健全であるということが大前提になっている。企業ぐるみの違反行為に対してはこの法律は無力」とされ、そのような場合には、外部に告発するしかないとされる[16]。

※13　落合ほか・前掲※10、17頁〔落合発言部分〕。

※14　松本恒雄「コンプライアンス経営と公益通報者保護法―その消費者政策における位置づけ」法とコンピュータ25号50頁（2007）。なお、公益通報者保護法制定時の学説について概要をまとめたものとして、宮島薫「研究ノート 公益通報者保護法公布後の動静―コメントと資料」志學館法学7号154頁以下（2006）も参照。

※15　松本・前掲※14、51頁。

※16　松本・前掲※14、52頁。

また、升田純教授は、同法制定の意義について、「法の付随的な機能としては、法の目的にも規定されているような企業の法令遵守の徹底、消費者の権利、利益の保護のほか、さらに企業の体質・慣行の改善、法令遵守のための内部組織の見直し…等の機能を期待することができ、このような付随的な機能が企業によって繰り返し取り上げられることによって、新たな企業の文化、体質、活動ルールが形成されることも予想することができる。」とされる[17]。

　これらの見解に通底しているのは、企業のコンプライアンス経営に対する自浄作用であるといえよう[18]。企業がコンプライアンス徹底のためにいかにしてコンプライアンスに対する意識を醸成させ、内部組織を見直すかという観点から、これらを後押しするための企業における自浄作用を期待させる制度として、この公益通報者保護制度が位置付けられているように思われるのである。

(2)　社会的倫理観を阻む障壁

　公益通報者保護法の意義について、小西啓文教授は、告発者である労働者の観点から、「労働者の企業に対する忠誠心と社会的倫理観が一人の人格のなかで分裂するところにこの問題の難しさがあるのであって、それでもなお一定のルールに基づき内部告発をしようとする労働者に対しては、社会的倫理（『公益』）が忠誠義務を超えることを宣言したところに本法のアナウンス効果があるのである。」と説明される[19]。ここに指摘されている「企業への忠誠心」と「社会的倫理観」との衝突に目を向けることが極めて重要であると考える。なぜなら、個々の従業員が社会的倫理観をいかに有していたとしても、その倫理観に基づく行動を

※17　升田純「公益通報者保護法制定の意義と課題」ESP469号36頁（2004）。
※18　岩間芳仁「企業からみた公益通報者保護制度について」世界の労働54巻6号44頁（2004）。
※19　小西啓文「内部告発と公益通報者保護法（1）制度導入の背景」時の法令1760号71頁（2006）。

阻止するものとして、企業に対する忠誠心が働くからである。より具体的にいえば、労働者にとってみれば、上司や同僚が存在する組織に対して刃を向けることに対する大いなる躊躇が、コンプライアンス徹底の障壁になっているという事実がそこに存在するのである。こうした中で、労働者をいかに保護するべきかという大きな問題意識が公益通報者保護制度の根底にあるといえよう[20]。

また、従業員の社会的倫理観に基づく行動を阻むものは、企業への忠誠心のみではない。そこには、法律上の障壁が厳然と存在する。後述するが、内部告発をするに当たっては、従業員が企業の秘密資料を収集しなければならないことが多いが、かかる行為が窃盗罪に該当してしまうという内部告発そのものが抱える矛盾も指摘し得る。これを乗り越えた点にも公益通報者保護法の重要な意義があるといってよかろう。

この点について、畑中祥子准教授は、「企業秘密を許可なく取得し内部告発する行為は、形式上、刑法における窃盗罪…に該当するものの、当該行為の目的・手段に正当性ないし相当性が認められる場合には、その違法性が阻却されるという論理によって内部告発という行為が本質的に抱える矛盾を乗り越えることができる。」とされ、公益通報者保護法制定の意義について、「『公益』通報の名の下に企業に対する忠実義務（秘密保持義務）が免責されることが明確に規定されたものとみることができる。」と述べられる[21]。もっとも、同法は、必ずしも企業からの告訴や損害賠償請求を禁止するものではないため、労働者に不安が残る点は否めないといえよう。

※20 森井利和「労働者にとっての公益通報者保護法」角田＝小西・前掲※2）、45頁、春田吉備彦「内部告発を行った労働者に対する不利益措置の適法性―トナミ運輸事件」同書112頁など参照。労働組合との関係では、川田和子「内部告発時代における企業内労働組合の役割」同書73頁、木村裕士「公益通報者保護法と労働組合―真の公益通報者保護法を求めて」経営民主主義31号44頁（2006）など参照。

※21 畑中祥子「内部告発を目的とした顧客信用情報の取得とその正当性―宮崎信用金庫事件」時の法令1772号68頁（2006）。

3 公益通報者保護法の3つの特徴

(1) 通報制度という特徴

公益通報者保護制度について、これを「内部告発」制度という名称ではなく、あくまでも「通報」制度としたのはイギリス法の影響を受けてのことであるといわれている[22]。イギリスでは「公益開示法（Public Interest Disclosure Act 1998）」として制定されており、労働者（worker）に対して「適格性ある開示」（Qualifying Disclosure）を求めている。これはあくまでも通報という位置付けであり、密告や告発という性質のものではない（Part I VA Protected Disclosure, 43A ～ 43L）。

後藤仁教授は、「公益通報者保護法は、『密告奨励法』でもなく、『告発抑制法』でもないものに仕上がっている。」とし、「自浄作用に欠けるところがあったからこそ、法制定に至ったわけで、行政への通報や外部通報は、これからどんどん活用されていい。」と内部通報以外の方法にも積極的な見解を示される[23]・[24]。

松本恒雄教授によれば、公益通報者保護法の制定において意見対立が生じた原因は、「それぞれの論者が抱いている公益通報者保護の制度設計の違い、比喩的にいえば、『告発イメージ』によるか、『通報イメージ』によるかにある。」とされ、「成立した公益通報者保護法は、後者の通報イメージに立っている。」と説明される[25]。

このように、公益通報者保護法は告発イメージではなく、通報イメー

※22 日野勝吾「公益通報者保護法の概要と基本的論点の解説」中京ロイヤ―11号18頁（2009）。

※23 後藤仁「公益通報条例の背景」自治体法務研究5号21頁（2006）。

※24 中村博「公益通報者保護法の制定と人事労務の実務課題（1）」労働法学研究会報2339号10頁（2004）は、そもそも公益通報者保護法が公益通報者を保護するものであるとしても、同法の目的は、「国民生活の安定及び社会経済の健全な発展に資する」ことであって、この点、「公益通報者保護法」という名称では誤解を招くと指摘する。

※25 松本恒雄「コンプライアンスマネジメントとは何か―事業者に必要なもの」農業と

ジであるという点をまず、その特徴として挙げることができる。

(2) 内部への通報制度という特徴

　前述したとおり、我が国の公益通報者保護法はイギリスの制度を模範としたものであるが、イギリスの公益開示法は、外部への告発よりも内部への通報に係る保護要件を緩和するという特徴を有している。そのため、同法は、企業に対して内部通報制度を整備するインセンティブを与え、企業の自浄作用を期待するものとして、公益通報者保護制度に対する企業側の理解を得やすいものにしている※26。

　また、大内信哉教授は、「公益通報者保護法が、通報必要者という外部への通報については保護要件を厳格にし、雇用主に対する通報についての保護要件を逆に緩和しているのは、内部への通報を重視する姿勢を示していると言える」とされ、「その意味で、公益通報者保護法を、内部告発者保護法というのは、やや言い過ぎと言えるかもしれ〔ない〕」と述べられ、基本的には外部への告発行為を積極的に推奨すべきではないという立場に立たれる※27・※28。

　このように、同制度が外部向けの情報提供というよりも、内部向けの情報提供に主眼を置いているという点は、前述したとおり、企業におけるコンプライアンス維持のための自浄作用を期待するという制度設計に合致する捉え方でもある。このことは、企業の「告発」を主眼としていないという上記(1)の特徴を、提供される情報のベクトルの観点から別に言い換えたものでもある。

　この点が、公益通報者保護法の適用領域の拡張論にとっての足枷となっているのかもしれない。

　　経済71巻2号40頁（2005）。
※26　消費者庁「『諸外国の公益通報者保護制度をめぐる立法・裁判例等に関する動向調査』の概要」3頁。
※27　大内信哉「公益通報者保護法」ビジネスガイド49巻14号64頁（2012）。
※28　大内信哉「公益通報者保護法」労務事情1222号72頁（2012）も参照。

⑶ 従来の判例の射程と整合的であるという特徴

そもそも、公益通報者が労務提供先から不利益処分を受けないようにする保護法制としては、例えば、民法上の信義誠実の原則（民1②）や公序良俗（民90）、労働契約法16条《解雇》（旧労働基準法18条の2）、労働基準法104条《監督機関に対する申告》などが存在している。これらに係る裁判例は多々あるが、公益通報者保護法は、「これらに加え、より明確な公益通報保護のスキームを示そうとするもの」であるといわれている[29]。同法6条《解釈規定》は、「前三条の規定〔筆者注：公益通報者保護法3条《解雇の無効》、4条《労働者派遣契約の解除の無効》、5条《不利益取扱いの禁止》〕は、通報対象事実に係る通報をしたことを理由として労働者又は派遣労働者に対して解雇その他不利益な取扱いをすることを禁止する他の法令…の規定の適用を妨げるものではない。」と規定する。

森井利和教授は、同条について、「他の法律にはあまり例のない規定」であるとし、「この規定からわかるように、公益通報者保護法は、他の法律による公益通報者の保護の補充を当然の前提」としているとされるとおり[30]、同法は他の法律の補完的性格を有しているといえよう。また、告発対象が同法において限定されている点について、同教授は、「これは、この法律が労働者保護法ではなく基本的には消費者保護法の性格を有することからの限界でもあるし、この法律が保護の限界を画する法律ではなく保護範囲のうちの一部を対象とするものに過ぎないこと（6条…）の反映でもある。」とされる[31]。したがって、この法律は、これまでの判例等によって労働者が保護されるに至ったものの一部を立法化したにすぎないのであるから、仮にこの法律によって従来の保護範囲が

---

[29] 松嶋隆弘「公益通報者保護制度の概要」税理50巻14号97頁（2007）。

[30] 森井利和「内部告発と公益通報者保護法⑽労働者にとっての公益通報者保護法」時の法令1778号54頁（2007）。

[31] 森井・前掲※30、57頁。そして、森井教授は、「このような保護範囲の不明確さは、この法律自体が明示している（6条）ように、一般法や他の法律による内部告発の保護によって補われるほかない。」とされる（同58頁）。

縮小されるようなことがあれば、それは明文の規定や立法趣旨に反するものと位置付けることもできるのである[32]。

同旨の意見として、春田吉備彦教授は、公益通報者保護法が公益通報を行おうとする者を萎縮させるとの意見に対して、「しかし、学説上は、同法の通報対象事実に該当しない外部通報が問題となった裁判例においても、外部通報を理由とする解雇・懲戒処分が無効とされた例が少なくないことからすれば、同法の制定は、これまでの裁判例が認めてきた外部通報の正当性を狭めるものではないとの評価があり、傾聴に値する。同法の保護法益の外側には、判例法理が正当化する外部告発事案が存在することは、今一度確認しておく必要があろう。」とされる[33]。

いわば、公益通報者保護法は、これまで裁判例において保護されてきた情報提供者保護の領域を特段拡張しようとしているものとまではいえないのかもしれない。かような意味では、アナウンス効果までをも否定する必要はないが、創設的かつ強力な立法であるとはいえないようである。

4 行政への情報提供 ―告発的効果の強調

かようにアナウンス効果が期待される公益通報者保護法であるが、行政庁サイドからこれをみれば、行政行為前の情報ないし規制前の情報取得としての意義ないし効果が期待されるところでもある[34]。前述した

---

[32] 森井・前掲[30]、63頁参照。

[33] 春田吉備彦「内部告発と公益通報者保護法（8）内部告発を行った労働者に対する不利益措置の適法性―トナミ運輸事件（富山地判平成17・2・23）」時の法令1774号50頁（2006）。

[34] 行政主体にとっての公益通報者保護法とは、行政内部の通報という意味と、監督官庁としての情報収集という2つの側面がある。前者には、平成17年7月19日付け「国の行政機関の通報処理ガイドライン」（内部職員等からの通報）が、後者には、「国の行政機関の通報処理ガイドライン」（外部の労働者からの通報）がある。この点については、例えば、土田伸也「行政主体・行政機関による公益通報の処理」角田＝

とおり、公益通報者保護法は外部に対する告発イメージではなく内部向けの通報イメージとして捉えられてはいるものの、これを告発制度として意味付けようとする見解も存在する。

例えば、浜辺陽一郎教授は、同法が独占禁止法においてリニエンシー制度が導入された点と親和性を有するとされ、「告発が推進される社会的環境はますます整いつつある」と指摘される[35][36]。

また、宇賀克也教授は、「法令順守の観点からみると、公益通報者保護法は、使用者にとって違法行為を早期に発見するためのツールであるが、規制権限を有する行政庁にとっては、規制の前提となる情報を取得する法的仕組みとして位置付けられる。規制を行うためには、その前提となる情報を取得することが不可欠であるが、行政による能動的な調査（立入検査等）は、行政のリソース不足から十分には行われない。違反事実が行われる現場の労働者等が違反事実を最もよく認識しうる立場にあり、かかる者からの通報が、規制の前提となる情報を取得するために最も効果的であるといえる。」と述べられ[37]、行政庁側からみた同法のメリットを説明される。

もっとも、このような告発的効果を期待する見解に対しては、例えば、上司に対する私憤や腹いせに基づくものを保護の対象とすべきか否かという問題[38]など、種々の反論もあるが[39]、その実質的な意義にお

小西・前掲[2]、60頁。
[35] 浜辺・前掲[11]、8頁。同旨のものとして、大田尚一「内部通報制度の現状と問題点」Libra15巻1号9頁（2015）参照。
[36] 松本・前掲[25]、42頁も参照。
[37] 宇賀克也「公益通報者保護法について」消費者法ニュース105号20頁（2015）。
[38] この点については、結果的に公益侵害の真実相当性の要件が充足されれば公益通報者保護制度の対象としてもよいのではないかとも考えられる。このような見解として、阿部泰隆『内部告発〔ホイッスルブロウワー〕の法的設計』46頁（信山社2003）、同「公益通報者保護法（内部告発者保護制度）のしくみと対応方法」自治実務セミナー43巻4号7頁（2004）、森尾成之「自治体における法令遵守〔コンプライアンス〕のための制度とこれから ―公益通報を題材として」自治体学研究90号25頁(2005)、三野靖「自治体コンプライアンスと公益通報制度」自治総研33巻1号75頁（2007）など参照。

いて、告発を強調する有力な見解が存在することを忘れてはなるまい。

III　諸外国の公益通報者保護法制

1　概説

　欧米は、公益通報者保護対象や、通報の要件が我が国に比べて比較的緩やかであるといわれている。また、我が国の公益通報者保護法は、企業への内部通報を優先し、その企業自らの是正を目標とする一方、諸外国では、はじめから監督官庁や外部のマスコミ等への外部通報を認めるものも多いとされる[40]。

　松本恒雄教授によれば、基本的に「韓国を除くと、イギリスないしはその旧植民地」には公益通報者保護のための法律があり、「英米法系の労働法制は、労働者の解雇が自由であることを原則としているため、公益

※39　例えば、森尾成之教授によれば、「公益通報」が行政法学において論じられるようになったのは、「行政法の伝統的、典型的モデルとしての、①法律、②行政行為、③強制行為という三段階構造モデルにおける①の段階から②の段階へと進行するプロセスで、執行されない部分、すなわち法規執行の欠陥という問題に近年、特に社会的関心が高まってきたためである。」とされる（森尾「公益通報者保護法の現状と課題―消費者委員会公益通報者保護専門調査会報告の検討を中心として」法学論集47巻2号210頁（2013））。なお、同教授は、公益通報者保護法を「まかり間違っても、本法を用いて通報をしようなどと考えてはいけない。…つまり、本法の良さは『張子の虎』であるということにはならないだろうか。」とされ、組織側に対し風通しのよい組織を整備させるための「メッセージを送り続けるというスクリーン効果こそが本法の実質的機能と考える。」と、本法の意義を説明される（同稿217頁）。「張子の虎」であることにこそ意味がある以上、同教授は、「通報対象事実、対象となる法律は『ある程度広範』であるというところが望ましいとも思われる。」とし、あらゆる法分野において徹底される必要はないとされ、「したがって、そういった観点からすれば、対象事実の中に脱税案件などを入れるとこの法律が動き出してしまうので、そこまでの法律を作るとすれば、それに伴う諸制度を整備する必要がでてくると思われる。」と述べられ、「少なくとも、この法律が分かりにくい、現在のままの条文である限りにおいては、出来る限り、公益通報が行われないことを念じてやまない。」と結ばれる（同稿219頁）。

※40　光前幸一「情報の平等化をめざして―内部告発者保護制度に求められるもの―」消費者法ニュース93号17頁（2012）参照。

通報を理由とした解雇は無効であることを宣言することは、労働者保護にとって重要な意味がある。」とされ、「これに対して、日本の法制度に大きな影響を与えているドイツやフランスでは、公益通報者保護のための特別の法律は存在しない。これは、これらの国では、労働者を容易に解雇できない労働法制になっているために、公益通報を理由とした解雇も当然に一般法理に基づいて制約されることから、特段の保護を重ねる必要がないと考えられていることによる。」という[※41]。もっとも、現在、ドイツ[※42]やフランス[※43]において同制度が存在しない理由は、それぞれの社会的・歴史的背景が絡むものであるが、我が国の労働法における解雇権濫用に係る判例はドイツの考え方と親和的であると解される[※44]。

[※41]　松本恒雄「主要国の公益通報者保護制度―四カ国の法制度の概要」世界の労働54巻6号10頁（2004）。

[※42]　ドイツにおいては、ナチスドイツ時代と旧東ドイツ時代の密告に関する苦い歴史的経験から内部告発の問題が非常にセンシティブな問題であることもあり、公益通報者保護制度の整備について消極的である。包括的な公益通報者保護に係る法律は存在せず、裁判所が既存の法律によって個別の案件ごとに通報者保護が適正かどうかについて判断するにとどまっている。加えて、これまでの裁判例の多くは、被用者の守秘義務を重視する立場を示しているため、被用者は解雇等自己のリスクが不確実なままで公益通報をしなければならず、合理的な被用者は公益通報を行わないといわれている。このように、ドイツの公益通報者保護制度の整備は遅れているが、フランスと同様、後述する米国のSOX法、「腐敗の防止に関する国際連合条約」（2003年）や「収賄に関する欧州議会民事協定」（1999年）等の国際協定が成立した影響から、2008年4月に、消費者保護・食料・農林委員会が、被用者の通報する権利を定めた民法典改正案を提出するなど、制度の整備の必要性についての議論が盛んになってきている（消費者庁・前掲※26、4頁）。

[※43]　フランスにおいては、包括的な公益通報者保護に係る法律は存在せず、労働法に挿入された「収賄防止に関する法律」（2007年）等いくつかの条項が公益通報者保護について規定しているのみであり、その対象範囲も非常に狭い。同法は米国のいわゆるSOX法の成立を受けて、金融・会計分野の不正行為を防止する目的で制定されたものである。もっとも、同法の成立以降、これ以外に公益通報者保護制度の整備は実質的に進んでいないのが現状である。この背景には、フランス労働法上労働者が非常に手厚く保護されているため、裁判になった場合の勝算が確実でない限り、使用者が解雇等しないことがある。また、もともと公益通報は法が保障する「表現の自由」に基づいて行うという慣習があり、これを法律で規定することに対する抵抗感が強いこともある（消費者庁・前掲※26、4頁）。

[※44]　なお、ドイツ法の動きについて、戸田典子「内部通報者保護法制定の動き」論究ジュリ3号154頁（2012）も参照。

2 アメリカ

　アメリカでは、日本のような民間・公的部門のどちらにも適用があるような包括的な公益通報者保護法は存在しない。一部連邦法と、各州法でカバーしているところである[45]。

　アメリカで最初の公益通報者保護に関する法律は1863年の「不正請求禁止法（False Claims Act）」であり、政府に対し不正な水増し請求を行う業者を連邦裁判所に訴えた市民に対し、報奨金を支払う制度が設けられた。通報者は私人であり、通報対象事実は、「不正請求（false claim）」である。この不正請求としては、①不正であることを承知の上で、不当な請求又は不当な請求の承認を行うこと、②不当な請求のための不正な記録、書類、文書等をそれと知りながら作成すること、③不正請求禁止法に違反する行為を企てること、④政府が使用する資産の種別や量を不正に証明すること、⑤情報が正確であるかどうか分からないまま文書により資産の受領を証明すること、⑥そうであると知りながら、資格を有しない連邦政府職員から政府資産を購入すること、⑦政府に対する支払額を減額又は回避する目的であると知りながら、不正な記録を作成、使用又は使用を許可することが挙げられる。

　松本恒雄教授によれば、この制度は、「保護よりも、違法行為を通報すること自体を、報奨金の支払をもって奨励することを重視する法律である。」と整理される[46]。そのような意味では、公益通報者保護に関する法律というよりは、内部告発奨励制度であるといえよう。また、畑中祥子准教授は「『連邦政府の損失』＝『国民の損害』を食い止めるという点では、報奨金制度があることが告発の大きなインセンティブとして働いていると考えられる。」と述べられる[47]。

※45　松本・前掲※41、14頁参照。
※46　松本・前掲※41、14頁。
※47　畑中祥子「内部告発と公益通報者保護法（3）アメリカにおける内部告発者保護のあり方 － サーベンス・オックスリー法を中心に」時の法令1764号56頁（2006）。

その後、アメリカでは、1978年の「公務員制度改革法（Civil Service Reform Act）」制定の後、1989年改正により「内部告発者保護法（Whistle blower Protection Act）」が新たに制定され、違法行為や重大な管理不備などに関する情報開示があっても、そのことによって当該職員に対する不利な人事行為がなされてはならないとされた[48]。すなわち、「アメリカにおいては、国民の利益を守るという観点から、公的部門から内部告発者の保護法制が確立されていった」という歴史的な流れが存在する[49]。

　内部告発者保護法では、行政部局の職員、元職員及びかかる職に応募している人が通報者として位置付けられ、①全ての法律、規則又は規制に対する違反あるいは、②重大な著しく誤った管理、重大な資金の浪費、権利の濫用又は公衆の健康若しくは安全に対する実質的かつ具体的な危険が通報の対象事実とされる。なお、対象となる情報が「合理的に信ずるに足る（Reasonable belief）」ことも求められている。これにより、不利益取扱い等に対する是正措置が採られ、不利益取扱い等をした者に対する懲戒処分がなされる。

　その後、エンロン（Enron Com）事件[50]、ワールドコム（World com）事件[51]を契機に、金融・証券不祥事に対応するため、2002年に上場企業や証券会社の労働者の公益通報保護について規定した「上場企業会計改革及び投資家保護法（Public Company Accounting Reform and Protection Act of 2002）」、いわゆる「サーベンス・オックスリー法（企業改革法、SOX法）」が制定された。同法は、証券取引を行うあらゆる企業の被用者が通報者となり、証券取引委員会の規定に反する行為その他連邦法に

---

[48]　Section l302（b）（8）of title 5, United States Code.
[49]　畑中・前掲[47]、57頁。
[50]　2001年10月に、簿外債務の隠蔽をはじめとする不正が明るみに出たことで、エンロン社の株価が暴落した。2001年末に同社は破産宣告を出し倒産した。
[51]　ワールドコムは、2002年7月21日にニューヨーク連邦倒産裁判所に対して、連邦倒産法適用を申請した。負債総額は410億ドル、資産総額は連結ベースで1,070億ドルにのぼり、2001年12月2日に破綻したエンロンを大きく超える経営破綻である。

定められた株主の利益に反する不正行為が通報対象事実とされ、不利益取扱い等をした者に対する刑罰が科されることになる。

　これにより企業コンプライアンスの適正化が図られることになったが、SOX法は、内部告発者の保護を主たる目的として制定されたものではない。ただし、同法においても内部告発者の民事救済規定が設けられている。同法については、内部告発者に対する報復的行為を行う者を使用者に限らず広く捉えるという点と、そうした報復的行為を行った者に刑事罰を用意しているという2点が、「いわば車の両輪のように機能し、内部告発者の『保護』をより効率的なものにしているといえよう。」との分析もある[52]・[53]。

　その後、2010年の「金融規制改革法（Dodd-Frank Act）」においては、内部告発者報奨金プログラムを設け、内部通報者保護を強化している。こうしたアメリカの対応について、柿崎環教授は、「現在の資本市場の健全性を維持するためには、企業外部からの不正調査、是正介入にはもはや限界があり、企業内部からの自立的な早期不正リスク対応こそが、グローバル資本市場でのリスク顕在化の衝撃を回避する最も有効な手段の一つであると考えられているのである。」とされ、我が国においても、「さらに内部統制システムの実効性を確保するには、優良な内部統制システムを備える企業に与える税法上の優遇や独禁法上のリニエンシーに類似する通報制度の創設など」とともに、「内部告発者に対する報復禁止規定の違反に対しては、罰則等を設ける等」が必要となってくると説明される[54]・[55]。

　白石賢教授は、アメリカの各法と比較し、「我が国の公益通報制度は

※52　畑中・前掲※47、60頁。
※53　その他、アメリカのこれらの法律について、麻妻みちる「公益通報者保護制度の諸問題―現代社会における企業のあり方とは」松蔭大学紀要8号47頁参照（2007）。
※54　柿崎環「『自己修復型ガバナンス』へのいざない―会社法、内部統制規制、公益通報者保護法の有機的連挑の可能性」法時86巻3号35頁（2014）。
※55　柿崎環「公益通報者保護法の見直しに向けて―資本市場規制からのアプローチ」法時83巻12号1頁（2011）も参照。

公益通報者を保護することを主目的としているのに対して、米国では、より広く『公益』自体を保護することと『公益通報者』を保護することを全体として規定しているのである。」とする[56]。同教授は、特に不正請求禁止法（False Claims Act）について、「政府の財産という『公益』自体の保護を図るものであり、納税者訴訟（Taxpayer's suit）と同様の基盤に立つものである。それゆえ、False Claims Actは、納税者訴訟の形を変えて承継したといわれる我が国の住民訴訟に通じるものがある。」とされるのである[57]。そして、「我が国の公益通報者保護法は、通報した労働者を保護する制度として制定されたが、内部通報の役割という点からは、住民監査・訴訟制度や公益通報者保護法自体もFalse Claims Actについて学ぶべき点は多いと思われる。」とし[58]、公益通報者保護法の限定された対象について「『公的資金の浪費行為』のような行為を公益通報の対象とすべきではないのか」と将来への立法課題を示される[59]。

3 イギリス

　我が国の公益通報者保護法がイギリスの法制度を参考にしたといわれていることは前述のとおりである。イギリスは、1998年に「公益開示法（Public Interest Disclosure Act 1998）」を制定しているが[60]、同法は公益通報者保護の中心的役割を有している[61]。通報対象事実として

---

[56]　白石賢「米英における公益通報者保護制度を踏まえた我が国の制度の今後の課題」自治体学研究90号76頁（2005）。

[57]　白石・前掲[56]、77頁。

[58]　白石・前掲[56]、77頁。

[59]　白石・前掲[56]、78頁。

[60]　See, Guidance The Public Interest Disclosure Act, Gov. U.K., Published 1 May 2013 (https://www. gov. uk/government/publications/the-public-interest disclosure-act/the-public-interest-disclosure-act).

[61]　See, also, The Combined Code on Corporate Governance, GUIDANCE ON AUDIT COMMITTEES.

は、開示を行う労働者が次に該当する事項の少なくとも1つ以上に該当すると合理的に信じている情報である。すなわち、①犯罪が行われたこと、行われていること又は行われる可能性の高いこと、②ある者が遵守すべき法的義務に違反したこと、違反していること又は違反する可能性の高いこと、③裁判の誤りが生じたこと、生じつつあること又は生じる可能性の高いこと、④個人の健康や安全が危険にさらされたこと、さらされていること又はさらされる可能性の高いこと、⑤環境が破壊されたこと、破壊されていること又は破壊される可能性の高いこと、⑥①ないし⑤のいずれかに該当する事項を示すような情報が故意に隠蔽されたこと、隠蔽されていること又は隠蔽される可能性の高いことが挙げられる。その効果としては、不利益処分の取消し、慰謝料の支払など、不利益取扱い等により被った損害の補償、原状回復、再雇用、解雇差止の仮処分などがある。

　通報先が、使用者又はその責任者、法律助言者、指定機関といったように3段階になっている点など、我が国の制度と類似する点も多い[62]。ただし、「公益」の範囲は我が国のそれよりも広い[63]。この点について、長谷川聡教授は、「適用対象者を広く認めることで不正を発見する目を増やすことは、公益の保護という法律の趣旨の達成を容易にするであろうから、公益通報者保護法が労働基準法に合わせて適用対象者を限定的にする必要は存在したのであろうか。」として、我が国の公益通報者保護法の適用対象者の狭さを指摘されている[64]。

　なお、イギリスの公益開示法について、麻妻みちる氏は、「注目すべきは、民事法違反、不法行為のみならず、法令違反に当たるか否かを問わない、すなわち通報者本人に違法か否かという法律判断が要求されない点である。」とされ、「イギリスの公益開示法の仕組みは、社会の中で

※62　イギリスの制度については、松嶋・前掲※29、94頁も参照。
※63　松本・前掲※41、12頁参照。
※64　長谷川聡「イギリスにおける内部告発者の保護」時の法令1762号48頁（2006）。

公益と事業者側の利益を絶妙に調和させている。」と述べられる[※65]。

4 韓国

　韓国では、まず、公共部門において2001年に「腐敗防止法」が制定されたが[※66]、民間部門における公益通報者保護制度が不備であるとして、2011年3月に「公益申告者保護法」が制定された[※67]。いずれの法においても、通報により国等に直接的な収入の回復（又は増加）をもたらした場合には報奨金が支払われることとされているなど、「消費者保護政策の一環として位置づけられるわが国の公益通報者保護法に比べると、『不正防止、社会の透明性の向上の』文脈から制定」されているといえる[※68]。ただし、我が国の公益通報者保護法では、一定の要件の下、外部通報としてマスコミへの通報が保護対象とされているのに対し、韓国では通報先からマスコミは除かれている[※69]。

　津幡智恵子氏は、韓国法との比較において、我が国の公益通報者保護法にも「韓国法で規定されているように、不利益取扱いの禁止違反に対する罰則の導入を検討すべき」とされ、通報者が安心して通報でき、企業の自浄作用を強化するという観点からも、通報者に対する民事上、刑事上の責任の減免規定の導入の必要性を指摘される[※70・※71]。

　我が国では、公益通報者保護法制定以降も通報者が会社から不利益を受けたり、解雇されることなどがあるだけでなく、会社から損害賠償請

※65　麻妻・前掲※53、47頁。
※66　すなわち、当初は「公共セクターの腐敗のみをターゲットにしたもの」といえる（松本・前掲※41、17頁）。
※67　津幡智恵子「韓国の公益通報制度」Libra15巻1号24頁（2015）。
※68　白井京「韓国公益通報者保護法の制定」ジュリ1432号89頁（2011）。
※69　白井京「韓国の公益通報者保護法制─公益通報の奨励」消費者法ニュース93号21頁（2012）参照。
※70　津幡・前掲※67、27頁。
※71　その他、日野勝吾「韓国における公益申告者保護制度について」尚美学園大学総合政策論集15巻47頁（2012）も参照。

求訴訟を提起されることもあることに対し[72]、白井京氏の調査によれば、「韓国では、これまでに腐敗防止法に基づく公益通報について、通報者が逆に何らかの訴訟を起こされたケースはない。」という[73]。

　光前幸一氏は、我が国の公益通報者保護法が「性善説的信仰に立っている。」とされ[74]、これに対し、韓国の同制度は「内部通報の限界を見据え、内部通報と外部通報を並列させ、行政機関への通報を奨励している。」と分析される[75]。

5　比較検討

　諸外国の公益通報者保護法制と我が国のそれとの最大の相違点は、我が国の法が公益通報の内容を限定列挙しているのに対して、アメリカやイギリスの法では、公益通報の内容が、犯罪行為、法律上の義務の不履行、正義、正当性の誤り（miscarriage of justice）、人の健康・安全に対する危険、環境破壊、著しい不当行為といったように、「抽象的概念」として示されていることである[76]。この点につき、白石賢教授は、「内部告発を言論の自由との関係で理解することは、保護対象者、保護要件、通報対象行為の理解にも影響する。」とし[77]、「通報対象については、言論の自由からのアプローチの方が公益保護のみより広くなると考えられる。」とされる[78]。同教授は、今後我が国の公益通報者保護法の通報対象法律が政令で追加されていく際に、「その他の国民の生命、身体、財産その他の利益の保護にかかわる法律」に規定する罪の犯罪事実の広

※72　山本雄大「公益通報者保護法見直しの現状─法施行6年後の実情─」消費者法ニュース93号22頁等（2012）参照。
※73　白井・前掲※69、21頁。
※74　光前幸一「公益通報者保護法の改正」消費者法ニュース105号17頁（2015）。
※75　光前・前掲※74、18頁。
※76　白石・前掲※56、80頁。
※77　白石・前掲※56、80頁。
※78　白石・前掲※56、81頁。

狭が、「実は、公益通報を単に労働者保護と捉えるのか、言論の自由との関係で捉えるのかにもかかわってくる問題」と指摘される[79]。

この点、豊川義明教授は、公益通報は「表現の自由の一類型に含まれるものと評価できる。」とした上で、「内部告発が擁護しようとする利益は社会的にみて肯定される法律上の利益であり、『法の支配』を実現しようとするものと言える。そして、法令上の利益は、懲法規範からみれば必然的に憲法上の価値と繋がり、そこに基礎を持つものである。組織内の人間が組織の法規範を是正しようとするとき、この擁護されようとしている法の利益はこうした憲法上の価値と結びついているし、公益通報は憲法上の国民の基本的な義務の履行である（憲法前文、11、12、97条）。」と説明されている[80]。

なお、内藤恵教授は、「労働者の内部告発という行為を社会的に有用な存在として法的保護の対象とすることは、使用者との間に存する労働者の労働契約上の義務を超えて、社会が要請する公的秩序とは何かということを問い直す行為でもある。」、とされ、アメリカやイギリスを筆頭に各国が「公益通報行為をむしろ社会的正義を実現するための行為と評価」していることの表れであると述べられる[81]。

国がどのような公益通報者保護制度を持つかはその国の民度や国民の民主主義へのリテラシーを示す尺度となると思われるが[82]、我が国においても内部への通報制度から一歩踏み出し、より、国民が表現の自由の発現の機会の保障として、公益を犯している者、社会的倫理に反している者を告発することができるという制度として、公益通報者保護法の位置付けを検討すべきではなかろうか。

※79　白石・前掲※56、81頁。
※80　豊川義明「日本社会とコンプライアンス（法令順守）―内部告発権と公益通報保護法」国公労調査時報504号7頁（2004）。
※81　内藤恵「『公益通報者保護制度』と労働契約における労働者の義務」世界の労働54巻6号23頁（2004）。
※82　光前・前掲※74、18頁。

Ⅳ　租税法領域への適用拡大

1　現状

　我が国の公益通報者保護法が国民の生命等に関わる限定された法律違反行為のみを対象としていたとしても、必ずしも社内の内部通報制度における対象をこれらの行為に限定する必要はなく、法令違反一般や、倫理違反行為まで含むとする実例もある[83]。現実問題として、大規模会社や上場会社と、それ以外の会社の間には内部通報制度の導入度合いに大きな格差があるとされるが、この点については、大規模会社等が「会社法や金融商品取引法で規定された内部統制システム構築の一環として内部通報制度の整備が進められている実態がある。」といわれている[84]。

　ただし、公益通報者保護法の制定時に内部通報制度が多くの企業で採り入れられたものの、社会全体に同制度が定着したとはいい難い状況であり、今日においては内部通報制度の形骸化が懸念されている[85]。我が国の公益通報者保護法制定後の実情として、平成22年当時、内閣府公益通報者保護専門調査会委員であった弁護士の山本雄大氏も「事業者の公益通報者に対する様々な対応は、法施行前と大きく変わらず、公益通報者を保護する制度自体はまだ社会に浸透せず、公益通報者が不利益を受ける状況が相変わらず生じていると評価せざるを得ない。」と論じられている[86]。

　かかる不利益取扱い等は判例等により救済が図られてきており、公益通報者保護法の趣旨を反映した法解釈がなされているとされるが、法改正の議論においては、「立法事実がないとの指摘がなされ、結局、具体

※83　浜口厚子「公益通報者保護法と実務への影響」監査研究32巻7号59頁（2006）。
※84　柿崎・前掲※**12**、3頁。
※85　大田・前掲※**35**、10〜11頁参照。
※86　山本・前掲※**72**、22頁。

的な改正を十分に議論するに足りる資料や時間が不足し、改正自体は見送りとなった。」という[87]。これらの実情を踏まえ、山本氏は、「判例においても法の趣旨が反映されているという効果がみられているが、法律自体は、要件が厳しくほとんど適用されず、他方で具体的に規定された保護の措置は不利益取扱いや解雇、派遣契約の解除の禁止だけで、これらは労働契約法等によっても同等の保護が可能であり、実務上極めて使い勝手の悪い法律となっている。」と指摘される[88]。

また、日野勝吾准教授は、現行法を「とりわけ、通報対象事実の範囲に関しては不明瞭である。…法令違反を構成するすべてを通報の対象とすべきか、それとも法令違反を構成する事実の一部または当該事実に関連する事実も保護対象とすべきかについても必ずしも明確ではない。加えて、通報者が負っている通報対象事実の立証責任は大きく、民事裁判手続上も極めて不利な立場を強いられる。」とされ[89]、「法が、とりわけ通報者、消費者にとって有益な法制度になるには何が必要か。そして、法は今後どうあるべきか。通報者、消費者の求める保護内容すべてを充足するためには、…早急に法を改正すべきであろう。」とし[90]、改正見送りを非難される。

結局のところ、法の使い勝手が悪く、公益通報を行う労働者に相当なリスクを負わせる同法がそもそも利用されず、裁判事例も少ないという背景があり、ひいては改正の立法事実がないものとして改正が見送られたものと説明するものもある[91]。

---

[87]　山本・前掲[72]、23頁。
[88]　山本・前掲[72]、24頁。
[89]　日野勝吾「公益通報者保護法はどこへ向かうのか」消費者法ニュース93号29頁（2012）。
[90]　日野・前掲[89]、30頁。
[91]　土田あつ子「消費者からみた公益通報者保護法の問題と考察」消費生活研究17巻1号26頁（2015）参照。

❷ 保護対象の拡張論

(1) 城南信用金庫事件

　内部告発に係る裁判例に、信用金庫会長の脱税疑惑を告発するため、同元専務理事Ｂ（被告人）が同支店長Ａ（被告人）らと共謀し、同会長等の預金残高明細等をアウトプットして用紙に印字した上、被告人Ｂ宛の封筒に封入して窃取した事案として、いわゆる城南信用金庫事件東京地裁平成9年12月5日判決（判時1634号155頁）がある。

　この事件において、被告人Ｂの弁護人は、本件につき窃盗罪は成立せず、同被告人は無罪であると主張した。すなわち、①本件書類に化体されている「情報」は、私人のプライバシー情報にすぎず、現行法上財産犯に対する保護の対象とされるものではなく、企業秘密としても、経済的価値がなく、少なくとも刑法で保護するに値するほどの経済的価値がない。また、②本件書類については、管理及び処分の権限を与えられ、本件書類を占有していたもので、被告人Ａに窃盗罪は成立しない。加えて、③被告人Ｂの本件行為は、会長の脱税疑惑を告発するために行ったものであるから、社会的に相当な行為であり保護されるべきであるなどと主張した。

　これに対し、東京地裁は、「金庫の顧客の預金残高明細等を記載した本件書類について窃盗罪の成否を検討すべきこととなるところ、右情報を内容とする本件書類が窃盗罪における財物に当たることは明らかである」し、「本件書類は、業務上の必要がないにもかかわらず、第三者に漏出させる目的で作出したものであるから、…究極的に理事長が管理するものであり、その占有に属するものと解するのが相当である。」とした。また、脱税疑惑告発のためであったという点については、「違法性阻却事由がある旨の主張のようであるが、被告人Ｂの本件行為が所論の目的に出たものであったとしても、違法性を阻却する余地のないことは明白である。」として、有罪と判断している。なお、脱税疑惑告発のた

めであったという点については、量刑事情において情状酌量とされていない。このように同地裁は、被告人らに窃盗罪の成立を認め有罪としたのである。弁護側は、本件行為は脱税疑惑の告発という社会的に相当な行為であって保護されるべきと主張したが、違法性を阻却する余地はないとして、かかる主張は排斥されている[※92]。

　これまで、内部告発の正当性の判断については、①内容の真実性、②告発の目的（公益性）、③告発の手段という要素が総合的に検討され、かかる内部告発の正当性が判断されるとされてきた（東京地裁平成7年11月27日判決・判時1562号126頁）が[※93・※94]、公益性の要素は上記事件の窃盗罪の構成要件には何らの影響をも与えていないのである。

　この点に関し、角田邦重教授は、名誉棄損に関するこれまでの判例が「専ら公益を図る目的」であって、そこに真実性の証明があれば罰しないとしてきたところ、公益通報者保護法が「不正の目的でなく行われたものであればよい」との立場を明確にしたことについて、「『不正の目的』でなされたことの証明責任は使用者にあることが明確になった意味は小さくないであろう。」と評される[※95]。

(2)　脱税への拡張論

　このような状況を踏まえると、脱税疑惑の告発のために企業情報やプライバシー情報を入手することに、法律上の制約が所在していることは

※92　高橋正俊「公益通報者保護法編（3・最終回）内部告発に関する裁判例と公益通報者保護について」先見労務管理44巻1298号36頁（2006）参照。

※93　この点については、長谷川聡「労働者個人が主体となる内部告発の正当性の判断枠組み―医療法人思誠会（富里病院）事件」時の法令1770号46頁（2006）以下参照。

※94　羽生正宗「内部通報を促進する意思決定モデルの枠組み」社会システム研究5号110頁（2007）も参照。これによれば、「公益通報者保護法では、まず通報対象事実が列挙された法令違反に限定された上で、『公益性』が必要とされる。その上で通報先との関係において、通報の『真実性・真実相当性』の要件、及び外部通報の『相当性』要件が整序されている。」と説明される。

※95　角田邦重「内部告発と公益通報者保護法（完）公益通報者保護法定着への課題」時の法令1782号54頁（2007）。

否めない。脱税に対する告発を奨励する意味からも、公益通報者保護制度の活用が考えられるものの、公益通報者保護法が対象としている通報対象に租税法は含まれていない。すなわち、公益通報者保護法2条《定義》3項は「個人の生命又は身体の保護、消費者の利益の擁護、環境の保全、公正な競争の確保その他の国民の生命、身体、財産その他の利益の保護にかかわる法律として別表に掲げるもの（これらの法律に基づく命令を含む。次号において同じ。）に規定する罪の犯罪行為の事実」が通報対象事実であると規定し、同別表において一定の法律[※96]を規定している。その別表8号は、「前各号に掲げるもののほか、個人の生命又は身体の保護、消費者の利益の擁護、環境の保全、公正な競争の確保その他の国民の生命、身体、財産その他の利益の保護にかかわる法律として政令で定めるもの」として政令委任をし、これを受けて、「別表第8号の法律を定める政令」は471の法律を対象としているが（令和2年10月1日現在）、租税法は1つも同号に掲げられていないのである。もっとも、そこに掲げられている「税理士法（昭和26年法律第237号）」（同令109号）や「酒税の保全及び酒類業組合等に関する法律（昭和28年法律第7号）」（同令125号）も租税法と呼べなくはないが、これら以外に、例えば国税通則法や所得税法、法人税法といった一般の租税法は掲げられていないのである。

阿部泰隆教授は、通報対象事実について、「国民の生命、身体、財産、環境の保全、公正な競争の確保その他の利益の保護にかかわる法律にまで拡大された。しかし、選挙違反や脱税は挙げられていない。これ

※96　同別表にいう一定の法律とは、以下のとおりである。
　　①　刑法（明治40年法律第45号）
　　②　食品衛生法（昭和22年法律第233号）
　　③　金融商品取引法（昭和23年法律第25号）
　　④　農林物資の規格化等に関する法律（昭和25年法律第175号）
　　⑤　大気汚染防止法（昭和43年法律第97号）
　　⑥　廃棄物の処理及び清掃に関する法律（昭和45年法律第137号）
　　⑦　個人情報の保護に関する法律（平成15年法律第57号）

は政治がらみなので、国会を通りにくいといった配慮が働いているのではないか、という話もある。」とされる[97]。この点について、松本恒雄教授からは、「『個人の生命、身体、財産その他の利益の保護』に関する法律という縛りがあることから、このいずれにも入らない脱税や政治資金規正法違反などは対象とならない。」との説明がなされている[98]・[99]。

　また、この点について、小西啓文教授は「公益観」から説明される。すなわち、租税法が対象に含まれていないのは、「各種税法や政治資金規正法が『専ら国家の機能にかかわる法律（国家の機能について定めることが直接的な目的）』であることを理由にする対応である」とし、公益通報者保護法の背景に「消費者政策の一環として立法作業がなされたことと深い関係があるものと考えられる。」とされる。そして、たとえ、公益通報者保護法1条（目的）に掲げる国民の生命の保護等とは直接関係がなくても「『国民生活の安定及び社会経済の健全な発展に資する』ことは疑いようのない各種税法や政治資金規正法の違反を通報対象事実に含めなかったのは、『法令の規定の遵守』（つまり企業のコンプライアンス向上）をあくまで消費者の利益擁護の観点から必要なものととらえ、消費者利益とは無関係な企業の不正行為の通報にまで公益性を見て取らなかった表れではないか。ここに日本法の公益観の特徴と限界を見て取れよう。」と述べられる[100]。

　さらに、小西教授は、日本法が規範としたイギリス法との比較をされ、いずれもその採用する方法は類似しているが、「日本法は基本的に、

---

[97]　阿部・前掲[38]「公益通報者保護法」、5頁。さらに、同教授は、内部告発制度の重要性を指摘され、報奨金制度の提案に繋げられる（同『行政の組織的腐敗と行政訴訟最貧国』133頁（現代人文社2016））。

[98]　松本恒雄「公益通報者保護法の施行に当たって」月刊国民生活36巻4号28頁（2006）。

[99]　通報対象事実の範囲については、大内伸哉「公益通報 公益通報者保護法Q&A（上）」労務事情1090号16頁（2006）以下も参照。

[100]　小西啓文「内部告発と公益通報者保護法（4）公益通報者保護法の概要と検討課題」時の法令1766号63頁（2006）。

2／公益通報者保護と租税法　　203

通報の対象を、消費者の利益にかかわり、かつ通報を契機とする企業の
コンプライアンスの向上によって将来的には解決することが期待されう
る犯罪行為及び法令違反行為に絞った」とし、「国民の生命、身体、財
産に直接は関係のない各種税法や政治資金規正法は対象とされず、さら
に外部通報の道も企業によって閉ざされうるとなると、同法は『企業秘
密漏洩防止法』と呼ばれても致し方なく、民事法違反や不正な行為まで
保護の対象とするイギリス法とは雲泥の差がある。」と同法の問題点を
指摘される[101]。しかしながら、昨今、企業のコンプライアンス領域に
租税法の導入の必要性が論じられてきていることからすれば[102]、通報
対象から租税法違反を外す理由は説明しづらくなってきているといえは
しまいか。

　白木孝二郎氏は「税法等、その違反行為が国民生活に重大な影響を及
ぼしかねない行為が、通報対象から漏れてしまっている。通報対象法令
の拡充又は対象法令の限定列挙方式廃止等の対応を行うべきである。」
と主張される[103]。また、麻妻みちる氏も「本法には強い批判が寄せら

※101　小西・前掲※100、67頁。

※102　米国ではInternal Revenue Service（IRS）が2011年3月に過去5年間に大規模企
業に対して行ってきたCompliance Assurance Process（CAP）pilot programを
発展的に改めて（https://www.ils.gov/busmesses/corporations/irs-continues-
comprehensive-assessment-of-the-cap-program）、新しいCAPプログラムを実
施　し　て　い　る（https://www.irs.gov/businesses/corporations/compliance-
assurance-process〔令和2年6月1日訪問〕）。これは、法令遵守確認手続であるが、
納税者が事前にタックスポジションをIRSに確認してもらうための事前確認手続であ
る。税務コンプライアンス確保策としてIRCが打ち出している戦略である。
　我が国における議論として、差し当たり、岩﨑政明「企業のタックスコンプライア
ンス向上のための方策―その目的、内容、期待される効果について―」税大ジャー
ナル27号1頁（2017）、同「税務コーポレートガバナンス導入の現状と課題」租税
研究801号317頁（2016）、酒井克彦「タックス・コンプライアンスの現状と課題
税務に関するコーポレート・ガバナンスと企業への影響」会社法務A2Z 119号26頁
（2017）、同「税務コンプライアンス」ChuoOnline2016年12月15日号（2016）、
同「限られた租税行政資源と『税務に関するコーポレートガバナンス』（その1）（そ
の2）（その3）」Profession Journal 201号、205号、209号（2017）、同「コーポレー
トガバナンスを取り巻く議論―株主との対話と法定申告期限―」税理60巻8号162
頁（2017）など参照。

れているが、その多くが公益通報者保護制度導入の必要性を提唱してき
た側からの批判であることに留意しなければならない。内部告発が最も
威力を発揮するはずの脱税や違法な政治献金などに関しては保護の対象
となっていない。対象行為が犯罪行為に限られ狭すぎる。」と批判され
る※104。消費者利益がこの議論の出発点であったとしても、企業等の脱
税は一般市民の利益にも関わりを持つのであるから、消費者法の分野に
限定されるべきではない※105。この点、日野勝吾准教授は「同法が属する
法分野は、必ずしも消費者法の分野に固執すべきではないと考える。私
法的効力論の観点からみれば、民法や労働法をはじめとした民事法・社
会法分野として位置付けられる一方、行政過程論の観点からみれば、憲
法や行政法をはじめとした公法分野として位置付けられる。」とされ※106、
「『公益』の名を冠する法が通報者保護を通じて何を実現するのかを再検
討する必要がある。同法の行為規範の明確化を含め、公益実現に資する
法制度としての存在意義の検証や通報者保護によって何を促進させるか
に関して再考が求められる。また、公の利益（『公益』性の範囲）をど
のように捉えるかについても検討が必要」と問題提起をされる※107。

　なお、同准教授は、「法規定と実務との乖離が顕著であることからし
ても、通報対象法律を限定列挙する現行制度は撤廃すべきではなかろう
か。」とも述べられ※108、「公益通報者保護制度をより適正に活用するに
は、事業者の自主的努力や社会的サンクションに期待するのではなく、
法令違反行為を間接的に規制する行政法上のサンクションに基づく法規
制を再構成することも必要である。」と述べられる※109。

※103　白木孝二郎「法律の概説と立法課題」Libra 15巻1号8頁（2015）。
※104　麻妻・前掲※53、47頁参照。
※105　酒井克彦「租税法令遵守に対する国民の意識」税務経理9568号1頁（2017）。
※106　日野勝吾「公益通報者保護に関する法制度のあり方の一考察」国民生活研究51巻3
　　　号95頁（2011）。
※107　日野・前掲※106、107頁。
※108　日野・前掲※106、108頁。
※109　日野・前掲※106、110頁。

阿部泰隆教授は、公益通報者保護法について、「告発者が保護される場合を極めて限定しており、しかもその基準は不明確であるので、むしろ、内部告発抑制法ともいうべきものである。」とし[※110]・[※111]、同法を痛烈に批判されている。そして、同法により、企業自らが法令コンプライアンスの仕組みを設ける可能性について、「私見では、原則として外部に通報させない甘い仕組みで、内部の体制が整備されると期待するのは甘すぎる。」と述べられる[※112]。左袒したい。

　同様に、國武英生准教授も、通報対象事実を限定した結果、「同法に指定されていない法令違反行為については、同法の適用対象外となる。これでは適用範囲がせまいといわざるをえない。また、そもそも、法令違反に限定すべきかどうかという点も問題といえよう。」とし、同法の問題点を指摘される[※113]・[※114]。

　このように多くの見解が、脱税すなわち、租税法違反を公益通報者保護法の対象とすべきと論じているところである。筆者もこれらの見解に与するが、そもそも、同法の位置付けが、告発をイメージするものではないとしているところや、内部向けの情報提供がその中心であるとする法律そのものの性格付けからして、脱税告発のための制度への移行には大きなハードルがあるといわざるを得ない。宇賀克也教授が示されるような、行政への情報提供という観点からの一層の改正議論が待たれるところである。もっとも、そのことが、消費者保護制度としての意味を減

※110　阿部泰隆「公益通報者保護法は抜本見直しを ―告発者の無条件保護と褒賞金の導入が必要」世界の労働54巻6号31頁（2004）。
※111　なお、政府案に対する当時の野党民主党からの批判として、平田大祐「『公益通報者保護法案』をめぐる国会の議論について」生活経済政策91号21頁（2004）以下参照。
※112　阿部・前掲※110、34頁。
※113　國武英生「公益通報者保護法の法的問題」労働法律旬報1599号13頁（2005）。
※114　ただし、浜辺陽一郎教授は、同法を不十分な法律であるとしてさしたる危機感を抱かないでいる企業が多かったことについて警告されている（浜辺「公益通報者保護法のインパクトを軽視するな」エコノミスト83巻29号50頁（2005））。

じるものでは決してなく、アメリカの各種公益通報者保護制度がそうであったように、市民の財産である「公益」を保護することに主眼を置いた制度的見直しがなされれば、そこには市民の利益の保護と行政運営情報の提供という双方の趣旨を見出すことができるのではなかろうか。

アメリカでは、「税金の無駄使いを内部告発したために、国や地方自治体の支出を節約できたり不正な支出を取り戻した場合、一定の金額を褒賞として通報者に支払う制度」として、これらの制度が存在感を有するのである[115]・[116]。

3 課題と展望

平成18年に導入された独占禁止法の課徴金減免申請制度は、我が国に馴染む制度なのか疑問視する声もあったが、現在では完全に制度として定着している。この点について、「日本の企業は、同業他社と一緒になって行った違法行為を、ひそかに、公正取引委員会に申告することに躊躇しなくなった」とする意見もある[117]。

かかる指摘のように、違法行為の通報を行うことに躊躇がない法律環境が整ってきたとすれば、公益通報者保護制度はますます意味を持ってくることになると思われる[118]。その文脈において、脱税情報を含む公

※115 中村雅人「公正『公益通報者保護法』施行 真に社会に役立つ内部告発者を守ろう」エコノミスト84巻25号84頁（2006）。
※116 坂口徳雄氏は、公益通報は多くの国民や納税者のためのものであり、アメリカの法律に倣い、我が国においても「税金の無駄遣いに関する公益通報に限って、告発者に何らかの報酬を与える条文を新設すべき」とされる（坂口「公益通報者保護法の意義と問題点－国民利益の観点からみた法改正への提言」新聞研究691号17頁（2009））。
※117 梅林啓「危機管理・不祥事対策分野における2015年の展望」会社法務A2Z 292号15頁（2015）。
※118 なお、宇賀克也教授は、「自らも違反行為に加担していた者…が公益通報を行った場合には、当該違反行為を理由とする懲戒等の制裁措置を減免するリーニエンシー制度を導入することが望ましい。」とされ、独占禁止法等で採用される同制度の一般化を示唆されるとともに、議論のあるところとしつつも「公益通報にたいする報奨金

益通報者保護法制の対象拡張を期待してやまない※119・※120。

[酒井　克彦]

制度」の導入についても検討する余地があると述べられる（宇賀・前掲※37、21頁）。

※119 本節においては、脱税情報に関する公益通報者保護法制の拡張を論じたが、当然ながら、脱税情報は国税に係るものに限定されるものではない。もっとも、地方行政については、独自の問題があるかもしれない。この点、山本正憲氏は我が国の自治体が不祥事を起こす根底に、「組織や組織構成員が問題となっている事象をも慣習として『暗黙の了解』で済ましてしまう前提」があるとし、「慣習が抱えている問題が、『問題』として見えてこなくなるという『認識上の限界』がある。」と指摘される（山本「自治体公益通報制度―特に職員等の不法・不正行為等に対する内部通報制度の意義と課題を中心に―」三重中京大学地域社会研究所報22号157頁（2010））。なお、公益通報者保護法7条《一般職の国家公務員等に対する取扱い》は公務員等の「免職その他不利益な取扱いの禁止については、第3条から第5条までの規定にかかわらず、国家公務員法…の定めるところによる。この場合において、…公益通報をしたことを理由として一般職の国家公務員等に対して免職その他不利益な取扱いがされることのないよう、これらの法律の規定を適用しなければならない。」とされているとおり、行政主体に、民間事業者と同様の規制が直接及ぶわけではないが、「公益通報をしたことを理由として不利益な取扱いがされることのないよう、これらの法律の規定を適用しなければならない。」とされているとおり、公益通報者保護法の趣旨は公務員にも及ぶものであるとされる。この点、土田伸也教授は「行政法の観点から敷衍すれば、…一般に任命権者による職員の分限処分・懲戒処分には裁量が認められるが、この裁量行為を統制する一つの基準として公益通報者保護法7条第2文は機能する。この基準は行政上の基準（内部基準）ではなく、法律上の基準（外部基準）であるから、同基準に違反する処分は裁量権の逸脱・濫用として、直ちに違法性が認定されることになろう。」とされ、「公益通報をしたことを理由にして公務員に対して行われる分限免職処分及び懲戒免職処分は同様に無効ということになろう。この場合、…処分は重大かつ明白な瑕疵を伴う処分としてとらえられることになろう。」と説明される（土田「内部告発と公益通報者保護法（11）行政主体・行政機関による公益通報の処理」時の法令1780号52頁（2007））。

※120 組織的な犯罪の処罰及び犯罪収益の規制等に関する法律等の一部を改正する法律が、平成29年6月21日に公布されたが、同法6条の2《テロリズム集団その他の組織的犯罪集団による実行準備行為を伴う重大犯罪遂行の計画》の対象となる罪として別表第3では、所得税法238条1項、同3項、239条1項《偽りにより所得税を免れる行為等》、240条1項《所得税の不納付》の罪（同別表52）、法人税法159条1項、同3項《偽りにより法人税を免れる行為等》の罪（同別表53）、地方税法144条の3第1項《軽油等の不正製造》、144条の41第1項〜3項、同5項《軽油引取税に係る脱税》の罪（同別表20）等が掲げられている。

資料編

各国税局長　殿
沖縄国税事務所長　殿

国税庁長官

税務に関するコーポレートガバナンスの充実に向けた取組の事務実施要領の制定について（事務運営指針）

　標題のことについては、別添のとおり定めたから、平成28年7月1日以降これにより適切に実施されたい。

（趣旨）
　大企業の税務コンプライアンスの維持・向上には、トップマネジメントの積極的な関与・指導の下、大企業が自ら税務に関するコーポレートガバナンスを充実させていくことが重要かつ効果的であることから、その充実を促進するとともに、効果的・効率的な調査事務運営を推進するため、所要の事務手続を定めるものである。

別添
別紙1　税務に関するコーポレートガバナンスの確認項目の評価ポイント
別紙2　自主開示等について
様式1　税務に関するコーポレートガバナンス確認表
様式2　税務に関するコーポレートガバナンス評価書
様式3　自主開示事項確認事績整理票

税務に関するコーポレートガバナンスの充実に向けた取組の事務実施要領

I 基本的な考え方

1 取組の趣旨

　大企業の税務コンプライアンスの維持・向上には、トップマネジメントの積極的な関与・指導の下、大企業が自ら税務に関するコーポレートガバナンスを充実させていくことが重要かつ効果的であることから、その充実を促進するものである。

2 用語の意義

　当事務実施要領において、次に掲げる用語の意義は、それぞれ次による。

⑴　税務コンプライアンス　納税者が納税義務を自発的かつ適正に履行すること

⑵　税務に関するコーポレートガバナンス　税務についてトップマネジメントが自ら適正申告の確保に積極的に関与し、必要な内部体制を整備すること

⑶　トップマネジメント　法人の代表取締役、代表執行役のほか、法人の業務に関する意思決定を行う経営責任者等

II 調査の機会を利用した働き掛け

1 税務に関するコーポレートガバナンスの確認

⑴　対象法人

　　実地調査を実施する国税局特別国税調査官所掌法人（以下「調査法人」という。）を対象とする。

⑵　確認項目

　　次の項目について確認する。

　イ　トップマネジメントの関与・指導

　ロ　税務（経理）担当部署等の体制・機能

　ハ　税務に関する内部牽制の体制

　ニ　税務調査での指摘事項等に係る再発防止策

　ホ　税務に関する情報の周知

⑶　確認方法

　イ　調査法人の調査を担当する国税局特別国税調査官（以下「担当特官」という。）は、調査着手後の早い段階で、税務に関するコーポレートガバナンスの充実に向けた取組の趣旨を調査法人に説明した上で、「税務に関するコー

ポレートガバナンス確認表」（様式１）（以下「確認表」という。）の作成を依頼する。

（注）確認表の作成は、行政指導として依頼するものであることに留意する。

ロ　確認表の作成について、調査法人から協力が得られなかった場合は、当該調査法人に対しては、「２　税務に関するコーポレートガバナンスの判定」から「６　調査時期延長後の実地調査における対応」までの事務は実施しない。

2　税務に関するコーポレートガバナンスの判定

(1)　基本方針

調査結果を直接的に反映することなく、調査によらずとも適正申告を期待することができるか否かを念頭に置き、税務に関するコーポレートガバナンスの充実に向けた取組の実施状況により各確認項目を判定するとともに、併せて調査への対応状況や帳簿書類等の保存状況も勘案して判定を行う。

(2)　確認項目の評価・判定

担当特官は、「税務に関するコーポレートガバナンスの確認項目の評価ポイント」（別紙１）に基づき、1(2)の確認項目について、法人の取組が形式的なものではなく、実効性が確保されているかなどの観点から、評価・判定する。

なお、評価する項目について、確認表に記載がない場合や、取組に係る運用状況が明確でないものについては、法人にその状況を聴取し、評価することに留意する。

また、税務コンプライアンスの維持・向上の観点から、税務調査に対して適切に対応しているかや帳簿書類等が適切に保存されているかを勘案する。

おって、前回調査における是正事項の対応状況を確認するとともに、今回調査の是正事項の発生要因及び再発防止に向けた調査法人の意見等を把握・聴取し、「税務に関するコーポレートガバナンス評価書」（様式２）（以下「評価書」という。）を作成する。

(3)　部次長への報告

担当特官は、実地調査検討会等の際に、作成した評価書に基づき、調査（査察）部長又は次長（以下併せて「部次長」という。）に調査法人の税務に関するコーポレートガバナンスの状況を報告する。部次長は、必要に応じ、判定結果や所見等について指導・指示を行う。

3　トップマネジメントとの面談

(1)　面談の相手方

原則として、調査法人のトップマネジメントと面談を行う。

なお、税務に関するコーポレートガバナンスの充実に向けた実効性ある取組を促進する上で、トップマネジメントとの面談は、極めて重要であることから、調査着手後早期に日程調整を図るなど面談の実現に努める。
⑵　面談担当者
　　面談は、原則として、部次長が担当することとし、担当特官が同席する。
⑶　実施方法
　　部次長は、トップマネジメントがリーダーシップを発揮して税務に関するコーポレートガバナンスの充実に取り組んでいくことを促すため、調査結果の概要を説明し、その是正事項の再発防止に向けた取組を含め、税務に関するコーポレートガバナンスの評価が低かった項目について、効果的な取組事例を紹介しつつ、トップマネジメントと意見交換を行う。
　　なお、前事務年度までにトップマネジメントとの面談を行っている法人については、前回の面談の実施状況等を踏まえて、具体的な改善策を提示するなど更なる充実が図られるよう意見交換を行う。
　　また、面談終了後、その概要を評価書の所定の欄に記載する。

4　税務に関するコーポレートガバナンスの判定結果の活用

　　調査法人の税務に関するコーポレートガバナンスの判定結果は、当該調査法人の調査必要度の重要な判断材料の一つとして活用する。

5　税務に関するコーポレートガバナンスの状況が良好な法人への対応

　　税務に関するコーポレートガバナンスの状況が良好であり、調査結果に大口・悪質な是正事項がなく調査必要度が低いと判断される法人については、調査省略対象とする事業年度の申告書審理を行う際に、⑷ロ（イ）から（ハ）までに該当する取引等を自主的に開示（以下「自主開示」という。）するとともに、⑷ロ（ニ）の国税当局からの資料提出要請に可能な限り協力すること（以下、自主開示と併せて「自主開示等」という。）が確認できた場合には、次回の調査時期を延長する。
⑴　対象法人の抽出
　　税務に関するコーポレートガバナンスの状況が良好であり、調査結果に大口・悪質な是正事項がないことなどを総合的に勘案して対象法人を抽出する。
⑵　法人に対する同意確認
　　⑴で抽出した法人に対し、トップマネジメントとの面談時に、次回の調査時期を延長するに当たり、調査省略対象とする事業年度の申告書審理を行う過程において、自主開示等を行うことに同意するか確認する。
　　その際、自主開示等は、次回の調査時期を延長した結果、一回の調査の事務負担が法人及び国税当局双方にとって過重にならないようにするために行うも

のであり、国税当局の確認の結果、処理に誤りがあると思料される場合は、行政指導として自発的な見直しを要請するものであることを説明する。

(3) 調査時期の延長

(2)で自主開示等に同意した法人（以下「延長対象法人」という。）に対し、次回の調査時期は、前回調査と今回調査の間隔より1年以上延長することを説明する。

その際、後発的な事情などにより緊急を要する場合は、調査を実施することがある旨を説明することに留意する。

なお、前回調査と今回調査の間隔が、新規所掌など特別な事情によるものであった場合には、その事情を勘案して庁と協議し、必要な調整を図る。

おって、次回の調査時期は、更正期限（5年）も考慮して決定することに留意する。

(4) 調査省略年度における自主開示事項の確認・資料提出要請

イ 提出依頼

担当特官は、延長対象法人に対して、調査省略対象とする事業年度の申告書審理を行う際に、自主開示等を依頼する。その際、自主開示等すべき取引等が提出されるよう「自主開示等について」及び「提出要請資料一覧表」（別紙2）を交付して説明する。

（注） 資料提出要請は、令和元年6月以前に延長対象となった法人に対しても、法人及び国税当局の調査に係る事務負担を軽減するために行うものであることを十分に説明し、協力を依頼する。

ロ 自主開示等の対象

(イ) 申告済の事業年度における以下に掲げる取引等の処理で、取引金額が多額のもの

（注） 国税当局に事前相談を行い、事実関係に変更がないもの及び申告調整済の事項は除く。

・ 組織再編（合併、分割、事業譲渡等）の処理（完全支配関係にある法人間で行われたものを除く。）

・ 売却損、譲渡損、除却損、評価損等の損失計上取引の処理（直接又は間接に持株割合が50%未満の関係にある者との間で行われた資産の売却損、譲渡損等は除く。）

(ロ) 前回調査における是正事項に係る再発防止や申告調整等の状況

(ハ) 次回調査前に国税当局の見解を確認したい申告済の事業年度における取引等の処理で、取引金額が多額のもの

(ニ) 国税当局から提出を要請する資料

ハ 自主開示事項の確認

担当特官は、自主開示された事項（ロ(ロ)及び延長対象法人が確認結果の回答を求めないものを除く。以下「自主開示事項」という。）について、適

正に処理されているか否かを確認し、「自主開示事項確認事績整理票」（様式3）に開示内容、確認結果等を取りまとめ、必要に応じて調査審理課（設置されていない局にあっては審理担当者）と協議する。

なお、自主開示事項に係る処理の適否判断に必要な資料が提出されない場合や、深度ある調査、取引先等への反面調査など事実認定を要する場合は、延長対象法人に対し、当該事項は次回調査で確認する旨連絡する。

おって、当該事項及び確認結果の回答が必要ない事項を次回調査で確認した結果、追徴税額が生じることとなった場合には、加算税が賦課決定されることを併せて説明する。

(注) 1 法人に臨場して確認する必要がある場合には、法人の事務負担を考慮し、おおむね15日以内の臨場となるようにする。

2 担当特官は、自主開示等の一連の事務は、質問検査権を行使した調査ではなく、法人との信頼関係に基づき、任意の協力により実施するものであることを十分認識するとともに、法人の事務負担についても配意する。

ニ 確認結果の連絡

担当特官は、自主開示事項の確認結果を臨場又は電話により延長対象法人に連絡する。

なお、確認結果の連絡は、原則として自主開示を受けてから3か月以内に行うよう努める。

ホ 自発的な見直し依頼

自主開示事項の確認の結果、処理に誤りがあると思料される場合は、延長対象法人に対し、当該確認は行政指導であることを説明し、自発的な見直しを要請した上で、修正申告書又は更正の請求書の自発的な提出を要請する。

なお、自発的な見直しの要請に応じず、修正申告書等の提出がない場合は、延長対象法人に対し、次回調査において再度確認した上で是正する旨を説明する。

(5) 調査省略年度における税務に関するコーポレートガバナンスの確認

担当特官は、(4)の事務に併せ、延長対象法人の税務に関するコーポレートガバナンスの状況について、前回調査時に法人が作成した確認表の内容に変更がないか聴取し、変更があった場合には、その状況を確認する。

6 調査時期延長後の実地調査における対応

(1) 税務に関するコーポレートガバナンスの判定

担当特官は、調査時期延長後の実地調査の際に、「1 税務に関するコーポレートガバナンスの確認」及び「2 税務に関するコーポレートガバナンスの判定」の事務を行い、税務に関するコーポレートガバナンスの再判定を行う。

(2) 調査時期の見直し

(1)の判定結果及び調査結果に基づき、次のとおり調査時期を見直し、「3　トップマネジメントとの面談」の事務を行う。

イ　調査結果に大口・悪質な是正事項がなく、税務に関するコーポレートガバナンスの状況が更に良好となった法人については、調査時期を更に延長する。

ロ　税務に関するコーポレートガバナンスの状況が良好でなくなった場合、調査結果に大口・悪質な是正事項があった場合、自主開示等の履行状況が不十分であった場合には、次回調査は調査必要度に応じて実施する。

ハ　イ及びロ以外の場合については、調査時期の延長を継続する。

（注）　1　延長対象法人に対し、イからハに該当する旨を説明することに留意する。

　　　　2　調査時期を更に延長する場合及び調査時期の延長を継続する場合には、5(2)の同意確認を行うことに留意する。

Ⅲ　説明会等の実施

大企業のトップマネジメントが出席する関係団体や地元経済団体等が実施する会合等において、税務に関するコーポレートガバナンスの充実を働き掛ける。

税務に関するコーポレートガバナンスの確認項目の評価ポイント

	確認項目	評価ポイント
1	**トップマネジメントの関与・指導**	
(1)	税務コンプライアンスの維持・向上に関する事項の社訓、コンプライアンス指針等への掲載	税務コンプライアンスに関する意識の醸成を図るため、社訓や指針等への税務に関する事項の記載状況を確認する。 （取組事例） ・コンプライアンスに関する社訓や指針等に税法遵守、原始記録の適正保存、不正な会計処理の禁止などの事項を明記 ・税務に特化した指針等を策定
(2)	税務コンプライアンスの維持・向上に関する方針のトップマネジメントによる発信	上記(1)の社訓や指針等の社内周知・浸透を図るため、トップマネジメントからの発信状況及びその浸透度を確認する。 （取組事例） ・役員が支店等を巡回し、税法遵守を指導 ・社内 LAN への掲載、研修、コンプライアンス・ハンドブックの配布等により全社員に周知 ・企業グループとしてコンプライアンス指針を策定し、グループ内企業で共有
(3)	税務方針等の公表	企業（グループ）としての税務に対する取組方針を明確化するため、税務方針やタックスポリシー等の公表状況を確認する。 （取組事例） ・税法遵守、適正納税に向けた体制整備、適正なグループ内取引の実施などを明記した税務方針を社訓等とは別に策定し、その内容をホームページに掲載
(4)	社内に対する税務調査への適切な対応に関するトップマネジメントからの指示	国税当局との信頼関係を構築していく上では、トップマネジメントが税務に対して協力的であることが重要であるため、税務調査への対応に関する指示状況を確認する。 （取組事例） ・税務調査開始前に、調査対応を優先するよう、指示文書を発信 ・税務調査中に指摘された是正すべき事項に類似する取引の有無について、全社に徹底調査を指示
(5)	税務調査の経過や結果のトップマネジメントへの報告	トップマネジメントが適切な関与・指導を行うため、税務調査の経過や結果の報告状況を確認する。 （取組事例） ・税務調査の結果だけでなく、適時調査状況を報告
(6)	監査や税務調査等で税務上の問題事項が把握された場合における、その再発防止策に関するトップマネジメントの指示・指導	再発防止策の実効性を高めるため、トップマネジメントの関与（指示・指導）状況を確認する。 （取組事例） ・トップマネジメントの指示・指導の下、経理担当部署等が再発防止策を策定・運用状況を管理 ・徹底した再発防止を社長メッセージとして電子メールや社内 LAN 等により指示

確認項目	評価ポイント
2　税務（経理）担当部署等の体制・機能	
(1)　税務（経理）担当部署の体制整備（税務精通者の配置、税務精通者の確保のための施策等を含む）	各事業部からの相談に対する回答や税務調査に適切に対応するため、税務精通者の配置状況（人材育成面、人員）を確認する。 （取組事例） ・人材育成を考慮した人事ローテーション、外部研修の受講 ・多面的な検討を行うため、税務精通者（税理士資格を有する者など）を複数人配置
(2)①　会計処理手続の明確化（改訂状況を含む）	継続的にルールに基づいた適正な会計処理を行うため、会計処理手続の策定状況及びその運用状況を確認する。 （取組事例） ・会計処理手続を、事業内容の変化に応じて適宜改訂 ・マニュアルを社内LANに掲載し、社内で共有
(2)②　税務処理手続の明確化（改訂状況を含む）	継続的にルールに基づいた適正な税務処理を行うため、税務処理手続の策定状況及びその運用状況を確認する。 （取組事例） ・過去の税務処理誤りや税務調査での是正事項を踏まえたマニュアルを作成し、税務調査後等に適時改訂 ・税務処理の誤り事例集を作成し、社内で共有
(3)　個々の業務における経理処理のチェック体制整備による税務処理誤りの防止策（見直し状況を含む）	日々の税務（経理）処理の過程で生じる誤謬や不正を防止するため、業務分担等によるチェック体制の整備状況及びその運用状況を確認する。 （取組事例） ・特定の取引について、税務上検討すべき事項を網羅したチェックシートの作成を義務付けるとともに、必要に応じ経理担当部署へ相談・協議する体制を整備 ・複数の担当者の承認がなければ会計データに登録できないシステムを整備 ・処理誤りが多い業務について、権限・職責に応じたチェック体制を整備（複数の担当によるチェック体制の整備） ・決算後各部門に予算消化目的や繰上げ（繰延べ）計上等がないか再確認させ、その結果を経理担当部署へ報告
(4)　税務（経理）担当部署等による税務（経理）処理の事後チェックの実施（処理誤り等を把握した場合の対応を含む）	税務（経理）処理の適正性を検証するため、日々の税務（経理）処理とは別に税務（経理）担当部署や社内監査部署が事後的に行うチェックの実施状況及び当該事後チェックにより誤りが把握された場合の対応状況を確認する。 （取組事例） ・模擬税務調査等の税務に特化した事後チェックを実施 ・不適切な税務処理が把握された場合に、同様の処理誤りが想定される部署も併せて確認

	確認項目	評価ポイント
(5)	税務（経理）担当部署等による事後チェックのトップマネジメントへの報告	トップマネジメントが適切な関与・指導を行うため、税務（経理）担当部署や社内監査部署による事後チェックの報告状況を確認する。 （取組事例） ・不適切処理の有無にかかわらず、適時トップマネジメントに事後チェックの状況を報告
(6)	海外の主要な子会社に対する税務に関する監査・モニタリングの実施（処理誤り等を把握した場合の対応を含む）	グループ内取引等の適正性を確認するため、監査法人等による海外の主要な子会社に対する税務面での監査等の実施状況及び本社税務（経理）担当部署による当該監査結果の把握・検証状況を確認する。 　また、監査等により処理誤り等を把握した場合の是正状況及び再発防止策等の対応状況を確認する。 （取組事例） ・主要な子会社に、本社から経理担当者を出向させ、経理処理に関する指導を実施 ・定期的に海外子会社と web 会議を実施し、決算内容や処理状況を確認 ・監査の結果、不適切な経理処理を把握した場合には、当該子会社のみならず、同様の処理が想定される他の子会社も併せて確認 ・自社又は監査法人により税務面の監査を定期的に実施 ・一定の取引について、原始記録を添付した上で、定期的に本社へ報告する仕組みを構築
(7)	監査役・監査法人等からの税務コンプライアンスの維持・向上に関する提言・助言（監査役等に対する報告を含む）	第三者的観点から取組状況を確認するため、監査役・監査法人等からの税務（経理）担当部署に対する税務コンプライアンスの維持・向上に関する提言・助言及び税務（経理）担当部署から監査役等への報告状況を確認する。 （取組事例） ・外部コンサルタントから、税務コンプライアンスの向上に向けたアドバイスを定期的に受領 ・監査役等に対して、税務コンプライアンスの取組（見直し）状況を定期的に報告

	確認項目	評価ポイント
3	**税務に関する内部牽制の体制**	
(1) ①	事業部門、国内の事業所と税務（経理）担当部署との税務上の処理（解釈）に関する情報の連絡・相談体制の整備（見直し状況を含む）	日々の税務（経理）処理を適正に行うため、国内事業部・事業所と本社税務（経理）担当部署との連絡・相談体制の整備状況及び税務（経理）担当部署における、各事業部の事業活動に係る情報の入手状況を確認する。 （取組事例） ・各事業部に経理担当を設置するとともに、本社経理担当部署に経理処理に関する相談窓口を設置（全社員に周知） ・稟議書や取締役会資料が本社経理担当部署に回付される仕組みを整備し、税務上検討を要する取引を早期に把握 ・例外的な取引が発生した場合、各事業部から本社経理担当部署へ報告を義務化
(1) ②	海外支店、現地事業所と税務（経理）担当部署との税務上の処理（解釈）に関する情報の連絡・相談体制の整備（見直し状況を含む）	日々の税務（経理）処理を適正に行うため、海外支店・現地事業所と本社税務（経理）担当部署との連絡・相談体制の整備状況及び税務（経理）担当部署における、海外支店等の事業活動に係る情報の入手状況を確認する。 （取組事例） ・本社経理担当部署と海外支店の経理担当部署で定期的に web 会議を実施
(1) ③	連結子法人と税務（経理）担当部署との税務上の処理（解釈）に関する情報の連絡・相談体制の整備（見直し状況を含む）	日々の税務（経理）処理を適正に行うため、連結子法人と本社経理担当部署との連絡・相談体制の整備状況及び経理担当部署における、連結子法人の税務上の処理に係る情報の入手状況を確認する。 （取組事例） ・連結子法人の加入に伴い、連絡・相談体制を見直し ・税務上の処理方針を本社経理担当部署から各連結子法人に周知し、処理の統一化を徹底
(2)	不正な会計処理などの情報に関する内部（外部）通報制度の整備と周知	不正な会計処理、違法取引等を防止するため、内部（社員やグループ会社）や外部（取引先や一般消費者）からの情報提供の受付窓口の設置及びその周知状況を確認する。 （取組事例） ・社内及び社外（弁護士事務所等）に通報窓口を設置 ・研修、会議等で通報窓口を周知し、その際不正な会計処理も通報対象となることを説明

確認項目	評価ポイント
(3) 税務上の不適切行為を行った社員に対するペナルティ制度の整備（不適切事例の社内周知を含む）	仮装・隠蔽等の税務上の不適切行為を防止するため、懲戒規定等の整備状況及び社員への周知状況を確認する。 　また、税務上の不適切行為が生じた場合の社員への周知状況を確認する。 （取組事例） ・不適切行為に対する処分規定等に、税務上の不適切行為も対象となることを明記 ・不正な税務・会計処理を行った取引実行者及び監督責任者を処分 ・再発防止の観点から、税務上の不適切行為の概要について、各事業部の管理職等を通じて社員にも周知
4 税務調査での指摘事項等に係る再発防止策	
(1) 再発防止策の策定	税務調査による指摘事項や社内の事後チェック等により把握された不適切処理等の再発防止を図るため、再発防止策の策定状況を確認する。 （取組事例） ・税務調査の指摘事項だけではなく、類似の誤りが生じる可能性のある事項についても再発防止策を策定
(2) 再発防止策の社内周知	策定した再発防止策の社内への浸透を図るため、再発防止策の社内周知状況を確認する。 （取組事例） ・誤りが把握された部署だけでなく、同様の誤りが想定される部署に対しても周知徹底 ・不適切処理が把握された場合、緊急に研修等を実施 ・決算前に再発防止策を改めて周知
(3) 再発防止策の策定・周知後のフォローアップ	策定・周知した再発防止策が有効に機能しているかを確認するため、再発防止策の策定・周知後のフォローアップ（効果検証）の状況を確認する。 （取組事例） ・再発防止策が有効に機能しているかを確認するため、抜き打ちでサンプルチェックを実施 ・再発防止策の周知後、周知対象の部署において一定期間モニタリングを実施 ・事務処理マニュアルを改訂し、改善状況を定期的に検査
(4) 再発防止策の運用状況のトップマネジメントへの報告	トップマネジメント関与の下で再発防止策の実効性向上を図るため、再発防止策の運用状況について、トップマネジメントへの報告状況を確認する。 （取組事例） ・再発防止策の運用状況について、定期的に経営会議・取締役会等に報告 ・税務申告前に再発防止策の運用状況を確認し、担当役員に報告

確認項目	評価ポイント
5　税務に関する情報の周知	
(1) 申告書の作成や日々の税務・経理処理に影響する税制改正等の情報提供	税務に関する認識の向上を図るため、税務に関する情報（申告書の作成や日々の経理処理に影響する税制改正事項など）の社内への提供状況について確認する。 （取組事例） ・税制改正事項や誤りの多い事例について、解説を付したものを社内 LAN へ掲載 ・説明会後、理解度チェックを行い、理解度が低い項目を再度個別に説明 ・会計や税務処理に関する社内ルールについて、e ラーニングを実施（履修しないと起票できないこととするライセンス制を採用）
(2)① 国内グループ会社に対する税務情報の提供	税務に関する認識の向上を図るため、税務に関する情報の国内グループ会社に対する提供状況について確認する。 （取組事例） ・グループの経理ネットワークを整備し、当該ネットワークを通じて税務に関する情報を共有 ・申告に当たってのマニュアルやチェックリストを作成・配付するとともに、説明会を実施
(2)② 連結子法人に対する税務情報の提供	税務に関する処理の統一化を図るため、税務に関する情報の連結子法人に対する提供状況について確認する。 （取組事例） ・社内向け税務情報データベースを連結子法人とも共有 ・連結子法人から本社税務担当に直接問い合わせできる体制を整備

※　取組事例には、各項目において効果的と考えられる事例を記載している。

確認項目	評価ポイント
1　税務調査への対応	
調査中の質問等に対する回答、証ひょう類の提出等	税務調査の際の質問等に対する回答、証ひょう類の提出状況や事業部門担当者等へのヒアリングや現場確認等の対応状況を確認する。
2　帳簿書類等の保存	
帳簿書類、原始記録の保存	帳簿書類（総勘定元帳、補助簿等）及び原始記録（海外支店等の分も含む。）の保存状況（保存期間、保存方法、保存場所）を確認する。

自主開示等について

○　自主開示等は、次回の調査時期を延長した結果、一回の調査の事務負担が納税者及び国税当局双方にとって過重にならないようにするために行うものであり、国税当局の確認の結果、処理に誤りがあると思料される場合は、行政指導として自発的な見直しを要請するものです。

○　次の取引等の概要、会計処理、証ひょう類（契約書、請求書、納品書、領収証等）や社内の検討過程が確認できる資料（稟議書等）を提出してください。

　　1　申告済の事業年度における以下に掲げる取引等の処理で、取引金額が多額（売上金額の0.1%以上、ただし、売上金額1兆円超の法人については、10億円以上）のもの
　　　（注）　国税当局に事前相談を行い、事実関係に変更がないもの及び申告調整済の事項は除く。
　　　　　・　組織再編（合併、分割、事業譲渡等）の処理（完全支配関係にある法人間で行われたものを除く。）
　　　　　・　売却損、譲渡損、除却損、評価損等の損失計上取引の処理（直接又は間接に持株割合が50%未満の関係にある者との間で行われた資産の売却損、譲渡損等は除く。）

　　2　前回調査における是正事項に係る再発防止や申告調整等の状況
　　　（注）　発生原因、再発防止策及び社内への周知状況も併せて記載してください。

　　3　次回調査前に国税当局の見解を確認したい申告済の事業年度における取引等の処理で、取引金額が多額のもの

○　自主開示等の履行状況は、次回調査時の調査時期見直しの判定項目としております。

○　自主開示事項の確認結果の連絡は、原則として自主開示を受けてから3か月以内に行うよう努めますが、1のうち特に回答を求めない事項があれば、その旨を申し出てください。

○　確認結果は、自主開示で提出された資料の範囲で適否を判断したものであり、調査等により事実関係が異なることが判明した場合は、異なる判断もあり得ることを御了承願います。

○　上記1～3のほか、国税当局から提出を要請する資料は、提出要請資料一覧表のとおりです。

提出要請資料一覧表

以下に記載する資料の提出をお願いいたします。

	資料名	媒体	提出日

※　媒体欄には、「紙」又は「電子データ」等と記入してください。

【整理欄】

提出依頼日		保存場所			
引継日		受領者		引継者	

※1　資料受領後、整理欄を記載の上、税歴簿に編てつ、保存する。
　　2　資料受領者と保存部署が異なる場合には、引継日、受領者及び引継者欄を記載する。

税務に関するコーポレートガバナンス確認表

作成年月日　　　　年　　月　　日

法人名		応答者	部署・役職	氏名

確 認 項 目	実 施 状 況
1　トップマネジメントの関与・指導	
(1) 税務コンプライアンスの維持・向上に関する事項の社訓、コンプライアンス指針等への掲載	 【前回確認時からの変更事項】
(2) 税務コンプライアンスの維持・向上に関する方針のトップマネジメントによる発信	 【前回確認時からの変更事項】
(3) 税務方針等の公表	 【前回確認時からの変更事項】
(4) 社内に対する税務調査への適切な対応に関するトップマネジメントからの指示	 【前回確認時からの変更事項】
(5) 税務調査の経過や結果のトップマネジメントへの報告	 【前回確認時からの変更事項】
(6) 監査や税務調査等で税務上の問題事項が把握された場合における、その再発防止策に関するトップマネジメントの指示・指導	 【前回確認時からの変更事項】
(7) その他有効な取組	 【前回確認時からの変更事項】

確 認 項 目	実 施 状 況
2 税務（経理）担当部署等の体制・機能	
(1) 税務（経理）担当部署の体制整備（税務精通者の配置、税務精通者の確保のための施策等を含む）	【前回確認時からの変更事項】
(2)① 会計処理手続の明確化（改訂状況を含む）	【前回確認時からの変更事項】
(2)② 税務処理手続の明確化（改訂状況を含む）	【前回確認時からの変更事項】
(3) 個々の業務における経理処理のチェック体制整備による税務処理誤りの防止策（見直し状況を含む）	【前回確認時からの変更事項】
(4) 税務（経理）担当部署等による税務（経理）処理の事後チェックの実施（処理誤り等を把握した場合の対応を含む）	【前回確認時からの変更事項】
(5) 税務（経理）担当部署等による事後チェックのトップマネジメントへの報告	【前回確認時からの変更事項】
(6) 海外の主要な子会社に対する税務に関する監査・モニタリングの実施（処理誤り等を把握した場合の対応を含む）	【前回確認時からの変更事項】
(7) 監査役・監査法人等からの税務コンプライアンスの維持・向上に関する提言・助言（監査役等に対する報告を含む）	【前回確認時からの変更事項】
(8) その他有効な取組	【前回確認時からの変更事項】

確　認　項　目	実　施　状　況
3　税務に関する内部牽制の体制	
(1)① 事業部門、国内の事業所と税務(経理)担当部署との税務上の処理(解釈)に関する情報の連絡・相談体制の整備（見直し状況を含む）	【前回確認時からの変更事項】
(1)② 海外支店、現地事業所と税務(経理)担当部署との税務上の処理(解釈)に関する情報の連絡・相談体制の整備（見直し状況を含む）	【前回確認時からの変更事項】
(1)③ 連結子法人と税務(経理)担当部署との税務上の処理(解釈)に関する情報の連絡・相談体制の整備（見直し状況を含む）	【前回確認時からの変更事項】
(2) 不正な会計処理などの情報に関する内部(外部)通報制度の整備と周知	【前回確認時からの変更事項】
(3) 税務上の不適切行為を行った社員に対するペナルティ制度の整備（不適切事例の社内周知を含む）	【前回確認時からの変更事項】
(4) その他有効な取組	【前回確認時からの変更事項】
4　税務調査での指摘事項等に係る再発防止策	
(1) 再発防止策の策定	【前回確認時からの変更事項】
(2) 再発防止策の社内周知	【前回確認時からの変更事項】
(3) 再発防止策の策定・周知後のフォローアップ	【前回確認時からの変更事項】

確 認 項 目	実 施 状 況
4　税務調査での指摘事項等に係る再発防止策	
(4)　再発防止策の運用状況のトップマネジメントへの報告	 【前回確認時からの変更事項】
(5)　その他有効な取組	 【前回確認時からの変更事項】
5　税務に関する情報の周知	
(1)　申告書の作成や日々の税務・経理処理に影響する税制改正等の情報提供	 【前回確認時からの変更事項】
(2)①　国内グループ会社に対する税務情報の提供	 【前回確認時からの変更事項】
(2)②　連結子法人に対する税務情報の提供	 【前回確認時からの変更事項】
(3)　その他有効な取組	 【前回確認時からの変更事項】

【参考】直近の変更事項等

確 認 項 目	交代 有無	
(1)　トップマネジメントの交代の有無及びその状況（交代者、時期）	交代 有無	
(2)　大規模な事業部再編、合併等組織再編の有無及びその概要	有無	

確認表記載要領

　税務コンプライアンスの維持・向上のために実施している税務に関するコーポレートガバナンスの充実策について、次の1〜5の分野ごとに、それぞれの取組状況を記載してください。

　なお、トップマネジメント（代表者をはじめ、会社の業務に関する意思決定を行う経営責任者等）の交代により、交代後のトップマネジメントから税務に関するコーポレートガバナンスの充実策に関する指示や事業部再編・合併等組織再編による対応（見直し）事項等があれば併せて記載してください。

　おって、取組状況に係る関係資料（社内規定、報告書、指示・連絡文書の写し等）も併せて御提出ください。

　「前回確認時からの変更事項」欄については、前回記載いただいた取組内容について、今回までの間の見直し内容を記載してください。

1　トップマネジメントの関与・指導

　トップマネジメントが税務に関するコーポレートガバナンスの充実に向けて関与・指導を行っている取組について、(1)〜(7)に関連する取組ごとに、その内容をそれぞれの欄に記載してください。

(1)　社内（社員）に向けた社訓、経営理念、行動規範、行動指針及びコーポレートガバナンス方針などの策定状況並びに当該社訓等への税務コンプライアンスの維持・向上に関する事項の記載状況（特に税務に特化した指針等又は税務コンプライアンスに関する事項を記載したものがあれば、その内容）

(2)　(1)の指針等の社内周知に係るトップマネジメントによる発信状況（周知対象者、周知方法等）

(3)　対外的に税のスタンス（税法遵守や適正な納税に向けた社内体制の整備、適正なグループ内取引の実施など）を公表するための税務方針やタックスポリシー等の策定・公表状況（内容、時期等）

(4)　税務調査への適切な対応について、トップマネジメントから社内への指示状況（周知対象者、周知方法等）

(5)　税務調査の経過や結果について、トップマネジメントへの報告状況（内容、時期等）

(6)　監査役等による監査や税務調査、税務（経理）担当部署や社内の監査部署等による税務（経理）処理の事後的なチェック（内部監査）により、税務上改善すべきと認められる問題が把握された場合における、トップマネジメントからの再発防止策策定への指示・指導状況

(7)　上記の他、税務コンプライアンスを維持・向上する観点からトップマネジメントが関与・指導等している取組事例（特に税務処理上疑義が生じる可能性が高い取引について、トップマネジメントへの報告状況やそれに対する指示・指導の有無等）

2　税務（経理）担当部署等の体制・機能

　税務（経理）部門や社内の監査部署の体制整備及びチェック機能等の充実を図るために行っている取組等について、次の(1)～(8)に関連する取組ごとに、その内容をそれぞれの欄に記載してください。

(1)　税務（経理）担当部署の体制整備の状況（人員、税務精通者の配置状況及び税務精通者を確保するための取組等）

(2)　会計処理及び税務処理に関する手続きやマニュアル等の整備状況（改訂時期・内容等）

(3)　日々の経理処理の過程等で行われる経理（税務）処理誤りを防止するために講じているチェック体制の整備状況（チェック体制の構築状況、見直し時期、内容等）

(4)　日々のチェックとは別に税務（経理）担当部署や社内の監査部署が行っている、税務（経理）処理の事後的なチェック（内部監査）の実施状況（体制、時期、内容）及び不適切な経理処理を把握した場合の対応（見直し範囲、是正状況）

(5)　税務（経理）担当部署や社内の監査部署が行っている税務（経理）処理の事後的なチェック（内部監査）の経過や結果について、トップマネジメントへの報告状況（内容、時期等）

(6)　海外の主要な子会社に対する税務面の監査やモニタリングの実施状況（体制、時期、内容等）及び本社税務（経理）担当部署への当該結果の報告状況並びに不適切な経理処理を把握した場合の対応（見直し範囲、是正状況）

(7)　監査役や監査法人、外部コンサルタント等に対する税務コンプライアンスの維持・向上に関する報告状況及び監査役等からの税務コンプライアンスの維持・向上に関する提言・助言（監査の実施結果を含む）の状況（報告の内容、提言・助言の内容、時期等）

(8)　上記の他、税務（経理）担当部署等の体制・機能整備の観点から行っている取組事例（組織全体の経理機能向上のための方策（人材育成、ノウハウの共有）等）

3　税務に関する内部牽制の体制

　適正な税務処理及び会計処理を行うための税務（経理）担当部署と事業部門等との連絡・相談体制の整備等に関する取組について、次の(1)～(4)に関連する取組ごとに、その内容をそれぞれの欄に記載してください。

(1)　税務上の処理（解釈）について、事業部門、国内外の事業所、連結子法人と税務（経理）担当部署との連絡・相談体制の整備状況等（連絡・相談基準、見直し状況、相談内容に関する関連資料の提出状況）

(2)　不正な会計処理に係る内部・外部からの情報提供の受付体制の整備状況等（不正な会計処理も内部通報等の対象となることの規定等への記載状況、周知状況）

(3)　仮装・隠蔽などの税務上の不適切行為（情報漏洩や無断欠勤等の税務処理に関係しない不適切行為は含まない）を行った社員に対するペナルティ制度の整備（社内への周知状況）及び過去の処分事例（有無、その概要、社内への周知状況）

(4)　上記の他、内部牽制向上の観点から行っている取組事例

4 税務調査での指摘事項等に係る再発防止策

　前回の税務調査における指摘事項や事後チェック（内部監査）等により把握された不適切処理等の再発を防止するために行っている取組について、次の(1)～(5)に関連する取組ごとに、その内容をそれぞれの欄に記載してください。

　(1) 再発防止策の策定状況（対象、時期、内容等）

　(2) 再発防止策の社内への周知状況（内容、時期、対象者、方法等）

　(3) 再発防止策の策定・周知後の運用状況のフォローアップ（効果検証）の実施状況（時期、内容、対象範囲等）

　(4) 再発防止策の運用状況について、トップマネジメントへの報告状況（時期、内容等）

　(5) 上記の他、実効性のある再発防止策とするために行っている取組事例

5 税務に関する情報の周知

　社内、グループ会社、連結法人への税務に関連する情報等の周知に係る取組について、次の(1)～(3)に関連する取組ごとに、その内容をそれぞれの欄に記載してください。

　(1) 社内に対する税務に関する情報（税制改正の情報等）の周知状況（内容、対象者、方法等）

　(2) 国内グループ会社や連結子法人に対する税務に関する情報の周知及び説明会等の実施状況（内容、対象者、方法等）

　(3) 上記の他、税務に関する情報等を効果的に周知するために行っている取組事例

【参考】 直近の変更事項等

　直近の決算終了後に生じた税務に関するコーポレートガバナンスの充実策に影響を及ぼす可能性がある以下の事項について、該当の有無及びその内容を記載してください。
　なお、上記各項目への影響（見直し状況等）については、該当欄に記載してください。

　(1) トップマネジメントの交代の有無及びその内容（交代者、時期）

　(2) 大規模な事業部再編（例：事業部新設）や合併等組織再編（例：異業種企業の買収）が行われた場合には、その有無及び概要

税務に関するコーポレートガバナンス評価書 （様式２）

<table>
<tr><td></td><td colspan="2">回目</td></tr>
<tr><td>作成年月日</td><td>年</td><td>月　　日</td></tr>
</table>

担当班		作成者		法人名		税務CG評価結果	

【特官総合所見】

項　　　目	判定	所　　　見
【内部体制の状況等】		
1 トップマネジメントの関与・指導		
2 税務（経理）担当部署等の体制・機能		
3 税務に関する内部牽制の体制		
4 税務調査での指摘事項等に係る再発防止策		
5 税務に関する情報の周知		
【調査の対応状況等】		
6 税務調査への的確な対応		
7 帳簿書類等の保存状況		

8 【前回調査における是正事項への対応状況】

9 【今回調査における主な是正事項の発生要因等】

10 【トップマネジメントとの面談】		
【前回面談を踏まえた今回面談のポイント】		
面談日時	面談担当者	面談相手 役職　　　　　　氏名

【面談内容】
≪概要≫

① 良好な取組事項
　・
　・

② 改善を要する取組事項
　・
　・

≪次回面談への引継事項≫

自主開示事項確認事績整理票

特官室	特　官	総括主査	担　当　者

法人名	（調査課法人番号　　　　　　　）	調査審理課	課　長	補　佐	事項別担当	部　門担　当
担当者	役職 氏名					

件名	（令和　年　月期・No.　）

開示取引等の内容と法人の処理	

確認書類	

確認結果	

開示日	令和　年　月　日	確認結果連絡日	令和　年　月　日

処理結果	

臨場日数	日	審理日数	日	その他日数	日

（注）1.　本整理票は、法人から開示された取引等ごとに作成する。
　　　2.　「処理結果」欄は、開示取引等に対する法人の処理に誤りがあると思料された場合において、行政指導による修正申告書等の自発的な提出があったか否か等を記載する。
　　　3.　本整理票は、決裁終了後、確認書類とともに税歴簿に編てつ・保存する。

税務に関するコーポレートガバナンスの充実に向けた取組について（調査課所管法人の皆様へ）

　国税庁においては、実地調査以外の多様な手法を用いて、納税者の皆様方に自発的な適正申告をしていただく取組を充実させていくこととしており、国税局調査課所管法人のうち、特別国税調査官が所掌する法人に対して、税務に関するコーポレートガバナンスの充実に向けた取組を促進しています。

　このページは、当該取組の概要をご案内するとともに、効果的な取組事例を紹介するものです。

1　取組の概要

　本取組の概要については、以下をご参照ください。

- 取組の概要

2　効果的な取組事例

　税務に関するコーポレートガバナンスの充実に向けた取組について、効果的な取組事例をまとめましたので、ご参考としてください。

- 大企業の税務に関するコーポレートガバナンスの充実に向けた取組事例

3　事務実施要領

　本取組の事務実施要領については、以下の事務運営指針を策定し、各国税局に周知しています。

- 税務に関するコーポレートガバナンスの充実に向けた取組の事務実施要領の制定について

4　取組状況

　本取組の取組状況については、以下をご参照ください。

- 平成30事務年度　取組状況

税務に関するコーポレートガバナンスの
充実に向けた取組について

国税庁調査課

目次

- ➢ 取組の趣旨
- ➢ 取組の背景
- ➢ 取組の概要
  - ① 税務に関するコーポレートガバナンスの確認
  - ② 税務に関するコーポレートガバナンスの判定
  - ③ トップマネジメントとの面談
  - ④ 税務に関するコーポレートガバナンスの判定結果の活用
- ➢ 取組の効果等

取組の趣旨

大企業の税務コンプライアンスの維持・向上には、トップマネジメントの積極的な関与・指導の下、大企業が自ら税務に関するコーポレートガバナンスを充実させていくことが重要、かつ、効果的であることから、その充実を促進するもの

- ➤ 税務に関するコーポレートガバナンス（税務CG）
  税務についてトップマネジメントが自ら適正申告の確保に積極的に関与し、必要な内部統制を整備すること
- ➤ 税務コンプライアンス
  納税者が納税義務を自発的かつ適正に履行すること
- ➤ トップマネジメント
  法人の代表取締役、代表執行役のほか、法人の業務に関する意思決定を行う経営責任者等

取組の背景

我が国全体の税務コンプライアンスの維持・向上の観点から、大企業の
税務コンプライアンスの維持・向上は重要

➤ 大企業の経済活動は、我が国経済に占めるウェイトが大きく、申告所得金額も多額である

➤ 企業グループ全体や下請けの中小企業等の税務コンプライアンスに与える影響が大きい

➤ 大企業の税務コンプライアンスを高めることは、税務行政全体の効率性を高めることに有効

近年、国内外において、コーポレートガバナンスの充実が重要との認識
が高まり、法整備を含め、その充実のための環境整備が進展

○ 米国　☞　2002年　企業改革法（SOX法：Sarbanes-Oxley Act）

○ 日本　☞　2005年　会社法、　2006年　金融商品取引法

○ OECD ☞ 2015年　OECDコーポレートガバナンス原則（2004年版の改訂）

　　　　　　2011年　OECD多国籍企業行動指針XI納税（改訂）

税務当局の国際的な会議等において、税務に関するコーポレートガバナ
ンスの充実が大企業の税務コンプライアンスの向上に重要との指摘

○ OECD税務長官会議
　　☞　第3回会合ソウル声明、第4回会合ケープタウン声明、
　　　　第6回会合イスタンブール声明、第7回会合ブエノスアイレス声明

取組の概要

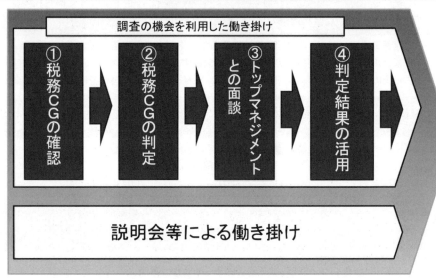

※ 税務CG：税務に関するコーポレートガバナンス

①　税務に関するコーポレートガバナンスの確認

➤　対象法人
　　国税局特別国税調査官所掌法人

➤　確認方法
　　調査の機会を利用して、対象法人に「税務に関する
　　コーポレートガバナンス確認表」の記載を依頼し、確認

②　税務に関するコーポレートガバナンスの判定

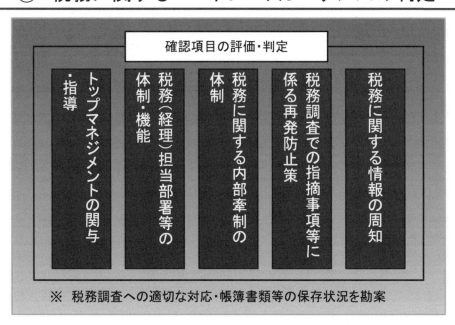

確認項目の評価・判定

トップマネジメントの関与・指導

税務（経理）担当部署等の体制・機能

税務に関する内部牽制の体制

税務調査での指摘事項等に係る再発防止策

税務に関する情報の周知

※　税務調査への適切な対応・帳簿書類等の保存状況を勘案

③ トップマネジメントとの面談

➢ 面談の相手方
　調査法人のトップマネジメント

➢ 面談担当者
　調査（査察）部長又は次長が担当、担当特官が同席

➢ 実施方法
　トップマネジメントがリーダーシップを発揮して税務に関する
　コーポレートガバナンスの充実に取り組んでいくことを促すため、
　調査結果の概要を説明し、その是正事項の再発防止に向けた
　取組を含め、税務に関するコーポレートガバナンスについて、
　改善が必要な箇所に関して、効果的な取組事例を紹介しつつ、
　トップマネジメントとの意見交換を実施

④ 税務に関するコーポレートガバナンスの判定結果の活用

➣ 調査必要度の判断材料への活用

　税務に関するコーポレートガバナンスの判定結果は、特別国税調査官所掌法人の調査必要度の重要な判断材料の一つとして活用

税務CGの状況が良好な法人への対応

税務に関するコーポレートガバナンスの状況が良好であり、調査結果に大口・悪質な是正事項がなく調査必要度が低いと判断される法人については、調査を行わない事業年度分に係る取引のうち、一定の取引を自主的に開示し、当局がその適正処理を確認すること及び当局からの資料提出要請に可能な限り協力することが確認できた場合には、次回の調査時期を1年以上延長

○ 自主開示事項の確認等

調査時期を延長した結果、次回調査の事務負担が法人及び国税当局双方にとって過重にならないために実施

➤ 調査が行われない事業年度において、申告済の事業年度における以下に掲げる取引等の処理で、取引金額が多額のものを自主的に開示し、当局がその適正処理を確認
- ・ 組織再編（合併、分割、事業譲渡等）の処理
- ・ 売却損、譲渡損、除却損、評価損等の損失計上取引の処理

➤ 前回調査における是正事項に係る再発防止等の状況

➤ 国税当局から、税務調査の際に受領している資料の一部を提出要請

調査時期延長のイメージ

前回調査と今回調査の間隔が1年の法人の調査時期を1年延長したケース

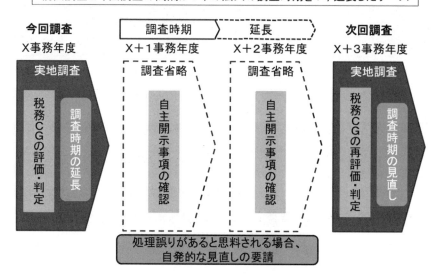

取組の効果等

大きな組織を有する大企業の税務コンプライアンスの維持・向上のためには、税務に関するコーポレートガバナンスの充実が重要

➢ 税務に関するコーポレートガバナンスが不十分であれば、事業部や支店、工場などの組織の第一線で不適切な経理処理が生じるリスクが高まる。

税務に関するコーポレートガバナンスの充実による税務コンプライアンスの向上は、企業・国税当局の双方にメリット

➢ 企業のメリット：税務リスクの軽減、税務調査対応の負担軽減
➢ 国税当局のメリット：調査必要度の高い法人への税務調査の重点化

大企業の税務に関するコーポレートガバナンスの
充実に向けた取組事例

　大企業は、コーポレートガバナンスの充実を図る中、税務コンプライアンスの維持・向上に効果的な取組を実施しています。

　本資料は、そうした効果的な取組事例について、国税当局が大企業から収集した情報をまとめたものです。

1　トップマネジメントの関与・指導
○　税務に対する会社の方針の明確化
- ・　税法を遵守し正しく納税すること、記録の裏付となる資料を保管すること、帳票の偽造及び税務調査時の虚偽の答弁、事実の隠ぺいを行ってはならないことをコンプライアンス・ハンドブックに記載し、全社員に配布
- ・　トップマネジメントが遵守の徹底を指示しているコンプライアンスガイドブックに、税務上問題となる取引をケーススタディ形式で掲載し、全社員に配布
- ・　企業の社会的責任の中で納税義務の履行が基本的かつ極めて重要であるとのトップマネジメントのメッセージを人事部主催の階層別研修等において紹介し、税務に対するトップの考えを社内に発信
- ・　税法や適正な税務コンプライアンスの遵守等を税務方針やグローバル税務ポリシーとして社訓等とは別に策定し、対外公表
- ・　グループ企業に対し、コンプライアンスマニュアルを提供するなど、グループコンプライアンスを推進
- ・　取引先と通謀した不正取引を行わない、書類の改ざん・破棄を行わない、事実の仮装・隠蔽を行わない等の税務コンプライアンスに関する事項の遵守を年頭挨拶等においてトップマネジメントが指示するとともに、社内 LAN 及び冊子に掲載して全社員に周知
- ・　企業倫理方針を策定し、具体的事項として、適正な会計処理と法人税法の遵守を明記し、社内 LAN により全社員へ周知

○　税務調査への対応と再発防止のための取組
- ・　税務調査の開始前に、税務調査への対応を優先する体制を構築することをトップマネジメントが各部署に要請
- ・　税務調査中に、当該税務調査において指摘された事項に類似する取引の有無について、全社に徹底調査を指示

- 税務調査の経過状況と結果を経営会議・取締役会等に報告
- 税務調査終了後、当該税務調査において指摘された事項について、全支店を巡回して勉強会を実施
- 徹底した再発防止を社長通達や社長メッセージとして電子メール、社内 LAN 等により指示
- トップマネジメントの指示・指導の下、経理部署等が再発防止策を策定・運用
- 社長が全社員に対し、不正取引の根絶に向けたメッセージを発信し、全社員からそれに対する誓約書を徴求、また、主要取引先に対しても、公正な取引を依頼
- トップマネジメントの指示に基づき、毎期末に経理部署からグループ全体に対して文書を発出し、業績調整等を意図した不正な経理処理の防止など、適切な期末処理を注意喚起
- 税務調査の指摘を起因として、トップマネジメントの強い指示の下、数十年続いた取引慣行（支払方法）を見直し、社内及び取引先に対する説明会を実施するとともに、専任管理者の新設によるチェック体制を構築

2 税務（経理）担当部署等の体制・機能

○ 税務精通者の配置・活用

- 選抜された社員に高度な税務研修を実施し、税務精通者を養成
- 本社経理担当者は、1〜2年の周期で担当業務を異動、また、支社経理担当者との人事交流を行うことにより、経理業務全般に精通した担当者を育成
- 人事ローテーション期間内に税務精通者を育成できないため、短期間で知識を習得できる通信教育受講を税務担当者に義務付け
- 税務担当者の外部税務研修への参加
- 社内各部からの相談に対応でき、かつ、ダブルチェックが可能となるよう、財務部に税務精通者（税理士有資格者など）を複数人配置
- 経理担当者を事業部門に一定期間配属し、個々の業務における税務リスクを理解させるとともに、当該事業部に経理部の処理方針を浸透
- 経理担当者を顧問税理士に積極的に接触させてコミュニケーションを図り、税務意識の向上及び税務知識を取得
- 経理担当者が異動する場合に、前任者との業務重複期間を確保し、適切な引き継ぎを実施、業務経験者をチェック者として経理部署に配置

○ 事後チェック（社内監査）の効果的な実施

- 会計監査専担チームを設置し、帳簿や証拠書類の実地調査、帳簿データのチェックを実施
- 税務調査で指摘事項があった事業部門に対しては、次期決算前に経理部署が

臨場して模擬税務調査を行い、誤りがあればトップマネジメントに報告し、再指導の上、是正を徹底

- 税務調査で臨場されなかった事業所に経理部署が臨場し、期末に発生した誤りやすい費用科目（修繕費、外注費など）について、サンプル調査により経理処理の誤りをチェック
- 過去に税務調査で指摘を受けた案件を参考にデータを抽出し、伝票の見直しを各事業部門へ依頼
- 期末に竣工・検収する案件について、取引先であるグループ会社の帳簿・書類との整合性を確認
- 海外の主要な子会社に対し、自社又は監査法人が監査を実施するとともに、監査役が直接現地に赴き、インタビュー等によりモニタリング実施
- 親会社経理部署の役員が、毎月子会社に臨場して決算書類の監査を実施
- 特定の取引については税務上検討すべき事項を網羅した「タックスチェックシート」の作成を義務付け
- 過去の処理誤りや調査での指摘事項を踏まえた税務・会計処理に関するマニュアルを作成し、手続を明確化及び再発を防止
- 税務・会計処理の誤りが多い業務（物品購入や修繕など）について、権限・職責の適切な分担（発注責任者と検定責任者の分離など）
- 費用計上及び支払依頼を行う際に、請求書に請求事実の発生を証する資料等を添付して決裁権者がチェック
- 複数の担当者の承認（最終承認は経理）がなければ会計データに登録できないシステムを構築
- 修繕工事の施工検査に際して、第三者が竣工の有無をチェック可能となるよう、写真の撮影・保管を徹底
- 各部門が取引等を行う際に常に税務上の取扱いを意識するよう、取引実行時の決裁書に税務の取扱いを記載
- 固定資産について、定期・随時の現物確認をするとともに、廃棄については客観的な証ひょう等を保存
- 税務処理を誤ることが多い、「資本的支出と修繕費」について、経理部署が全事業所を巡回し、現地で現物を確認しつつ実地指導
- 国税庁ホームページに掲載されている「申告書確認表」などを用いて申告に誤りがないか確認

○ 第三者的観点からの取組状況の確認

- 税務上の課題や税務調査の結果を監査役・監査法人に報告し、適時にアドバイスや指導を受ける体制を構築

3 税務に関する内部牽制の体制

○ 税務（経理）担当部署への情報の集約

- 事業部門と経理担当部署が、毎月、情報交換を目的とした会議を実施
- 経理部署に稟議書や取締役会資料を回付することで、税務上の検討を要する取引を早期に把握
- 大規模な取引、例外的な取引、新たな取引・事業などが発生した場合における、事業部から経理担当部署への報告をルール化し、取引内容に関する情報を共有化
- 決算後各部門に、予算消化目的の費用の繰上げ計上や対価の妥当性が証明できない外注費等がないかを再確認させ、その結果を経理担当部署へ報告

○ 事業部門と税務（経理）担当部署との連絡・相談体制等の強化

- 各事業部門に「税務事項責任者」を指名し、経理担当部署との連絡・相談体制を強化
- 各事業部門の経理担当者の人事権を経理担当役員が掌握し、各事業部門から経理担当者の身分を独立させ、各事業部門における経理担当者の発言力や経理部署との連絡・相談体制を強化
- 経理担当部署に「税務相談窓口」を設置し、税務上問題が生じる可能性が高い取引については事前に窓口担当者に相談することをルール化し、税務上の問題を回避する体制を構築
- 特に税務上問題が生じる可能性が高い取引について、関係部署と多角的に検討する体制を構築
- 社内 LAN に不正取引・違反取引等の通報・相談制度を掲載し、社内及び社外（弁護士）に相談窓口を設置

○ 税務上の不適切行為を行った社員等に対するペナルティ制度の整備

- 不正な税務・会計処理を行った場合には、取引実行者及び監督責任者を懲戒処分
- 予算消化のために意図的に経費を繰上げ計上した場合には、当該部署の予算を減額
- 処分を行った場合には、不適切行為に係る処分内容を社内に周知
- 不適切な行為を誘発するようなプレッシャーを与える要因を作らないため、人事評価を業績に偏重せず、多面的に評価する仕組みを整備

4 税務調査での指摘事項等に係る再発防止策

○ 再発防止策の周知

- 税務調査の結果及び再発防止策を、指摘された部署だけでなく、広く社内に周知

- 不適切な取引が判明した場合、緊急に研修会を実施するとともに、教育部門等と連携し、教育プログラムに取り入れて社員への周知と再発防止を徹底

○ **再発防止策の策定・周知後のフォローアップ**
- 再発防止策が有効に機能しているかを確認するため、抜き打ちでサンプルチェックを実施
- 再発防止策の周知後、周知対象の部署において一定期間モニタリングを実施
- 税務調査での指摘事項については、関連部門が再発防止策を策定し、業務フローに取り入れるなどしてリスク統制を図り、その運用状況をトップマネジメントに定期的に報告

5 税務に関する情報の周知
○ **社内に対する税務に関する情報の周知**
- 新任課長など階層別の研修の中で経理・税務に関する研修を実施
- 税務の考え方や会計処理に関する社内ルールについて e ラーニングを実施（履修後でないと記票できないこととするライセンス制を採用）
- 経理部署が事業所等を巡回し、決裁責任者や実務担当者に具体的事例に基づいた税務研修を実施
- 税制改正や誤りの多い事例等を業務通達として社内 LAN へ掲載

○ **グループ企業等への税務に関する情報の周知**
- 税制改正の内容等について、親会社が国内子会社の経理担当者に対して周知・指導
- 申告に当たってのマニュアルやチェックリストを作成し、グループ会社に対して説明会を実施
- 連結納税制度が適用される連結子会社を対象に、決算前に連結納税に係る申告説明会を実施

6 調査時期が延長された際の取組
- 調査対応に要していた事務量を子会社に臨場し指導や監査を実施する事務量に振り替えるなど、更なる税務コンプライアンスの向上に向けた取組に充当
- 自主開示の対象取引の処理について、社内全体で日頃から意識するようになり、事業部門と経理部署の情報共有が進み、必要に応じて当局に事前相談を実施

国税局調査部における取組

納税者の税務コンプライアンス維持・向上に向けた取組
～協力的手法を通じた自発的な適正申告の推進～

　近年、OECD税務長官会合 (FTA : Forum on Tax Administration) などの国際的な議論において、税務コンプライアンス向上のためには、調査のみならず、税務当局と大企業が協力的に行動する取組 (Co-operative Compliance Approach)が重要であるとされています。

　「納税者の自発的な納税義務の履行を適正かつ円滑に実現する」という国税庁の使命を果たしていくため、我が国においてもこれを「協力的手法」と称し、自発的な適正申告が期待できる大企業には、以下のような取組を行うとともに、調査必要度の高い法人へ調査事務量を重点的に配分することとしています。

税務に関するコーポレートガバナンス
の充実に向けた取組

　税務コンプライアンスの維持・向上を図るためには、企業自ら税務に関するコーポレートガバナンス （以下 「税務CG」といいます。）の充実を図ることが重要かつ効果的であることから、その充実を促すことを目的とした取組です。

　※ 税務ＣＧ： 　税務について経営責任者等が自ら適正申告の確保に積極的に関与し、必要な内部統制を整備すること

申告書の自主点検と税務上の自主監査
のための確認表の活用

　企業から提出された申告書のチェックや税務調査の結果から、誤りが生じやすいと認められる事項を表形式にとりまとめた「申告書確認表」と「大規模法人における税務上の要注意項目確認表」を申告書提出前等に活用していただくことを目的として国税庁ホームページに公表しています。

www.nta.go.jp（ホーム / 利用者別に調べる / 法人の方 / 大規模法人向けの情報を調べる /
大規模法人の税務コンプライアンスの維持・向上を図る取組に関する情報）

税務に関するコーポレートガバナンス
の充実に向けた取組

取組の対象
国税局調査課所管法人のうち、特別国税調査官が所掌する法人（約500社）

取組の概要

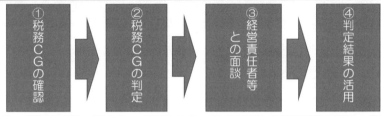

① 税務調査の機会に、税務ＣＧの取組状況（経営責任者等の関与や経理・監査部門の体制等）について、企業による自己確認
② ①に基づいて、当局がその取組状況を確認・判定
③ 調査終了後に、経営責任者等と国税局幹部が改善を要する事項や効果的な取組事例について意見交換
④ 次回調査必要度の重要な判断材料として活用（※）

（※）税務ＣＧの取組状況が良好である等一定の場合には、次回調査時期の延長等を行うこととしています。

事務年度	24	25	26	27	28	29	30
延長等対象法人数	11	19	28	36	51	90	97

企業側の取組効果	◎ 不適切な税務処理が発生するリスクの軽減 ◎ 税務調査対応の負担軽減

取組の見直し
　　取組の透明性を確保し、企業の自発的な取組を後押しするため、税務ＣＧの確認項目等について見直しを行いました。

●「税務に関するコーポレートガバナンス確認表」
　　⇒ 税務方針等の公表状況を確認項目に追加等
●「税務に関するコーポレートガバナンスの確認項目の評価ポイント」
　　⇒ 確認項目としている理由を追加、効果的な取組事例の充実

税務に関するコーポレートガバナンス
の充実に向けた取組

【税務ＣＧの取組状況の各項目別判定結果】

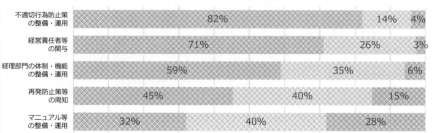

	良好	普通	その他
不適切行為防止策の整備・運用	82%	14%	4%
経営責任者等の関与	71%	26%	3%
経理部門の体制・機能の整備・運用	59%	35%	6%
再発防止策等の周知	45%	40%	15%
マニュアル等の整備・運用	32%	40%	28%

【延長等対象法人の業種別の状況】

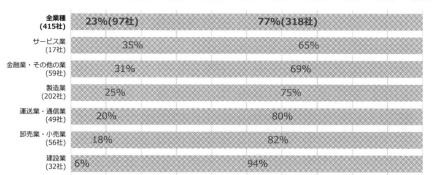

	延長等対象法人	延長等対象以外の法人
全業種（415社）	23%(97社)	77%(318社)
サービス業（17社）	35%	65%
金融業・その他の業（59社）	31%	69%
製造業（202社）	25%	75%
運送業・通信業（49社）	20%	80%
卸売業・小売業（56社）	18%	82%
建設業（32社）	6%	94%

※1　平成26〜30事務年度に判定を行ったもの（415社）を集計。
　　2　上記期間内に複数回判定を行った法人については、直近の判定結果により集計。

申告書の自主点検と税務上の自主監査 のための確認表の活用

取組の概要

　　納税者が申告書提出前に自主的に申告書の記載誤り等を防止することができるよう、税務上誤りが生じやすいと認められる事項を取りまとめた確認表を作成し、国税庁ホームページに公表しています。

　　確認表には「申告書確認表」と「大規模法人における税務上の要注意項目確認表」があり、それぞれ次の用途で活用していただいております。

申告書確認表	<活用時期> 申告書提出前
	<活用効果> 別表調整など申告書記載誤りを防止

項　　目	確　　認　　内　　容	確　認　結　果		
共通事項	当事業年度に適用される別表を使用していますか。	□適	□否	
法人税額及び地方法人税額の計算別表一-(一)・(一)次葉	別表一-(一)の15欄及び43欄に、中間申告分の税額を正しく記載していますか。	□適	□否	□非該当
	地方法人税額の計算につき、別表一-(一)次葉の58欄～61欄により計算していますか。また、別表一-(一)の40欄の金額は、別表六(二)の50欄の金額と一致していますか。	□適	□否	□非該当
	当事業年度終了の時における資本金の額若しくは出資金の額が1億円超の法人又は一若しくは完全支配関係のある複数の大法人（資本金の額以は出資金の額が5億円以上の法人等）に発行済株式等の全部を保有されている法人であるにもかかわらず、軽減税率を適用していませんか。	□適	□否	□非該当

大規模法人における要注意項目確認表	<活用時期> 申告書作成前
	<活用効果> 決算・申告調整事項の把握漏れを防止

項　目	確　認　内　容	確　認　結　果			確認結果が「否」の場合の対応（申告調整の有無等）
収益	収益認識基準（※）の適用対象となる資産の販売若しくは譲渡又は役務の提供（以下「資産の販売等」といいます。）に係る収益の額は、法基通2-1-1ただし書の場合を除き個々の契約ごとに計上していますか。※ 企業会計基準第29号「収益認識に関する会計基準」	□適	□否	□非該当	
売上原価	翌事業年度以降の収益に対応する売上原価等を当事業年度に計上していませんか。	□適	□否	□非該当	

　　これらの確認表を活用していただいた場合には、「会社事業概況書」に活用の有無を記載していただきますようお願いいたします。

改訂版の掲載予定

　　来年2月頃に、令和元年度税制改正等に対応した改訂版を国税庁ホームページに掲載予定です。

あとがき

　これまで、政府は、「日本再興戦略」、「未来投資家戦略」、「CGS ガイドライン」において、現代日本企業が保守的な経営を志向する原因の一つとして、会社役員の報酬形態に注目をしてきた。そこでは、役員が自社株式を保有していないがために、役員に継続的な企業価値創造のインセンティブが働かず、「攻めの経営」を阻害するばかりか、投資家らの投資を妨げていると指摘されてきた。

　そもそも、日本企業の役員報酬は、金銭による固定の基本報酬の割合が高く、会社役員の自社株式保有割合が低いため、経営者らと株主が利益関係において対立することが少なくなかったし、業績連動型の報酬を導入している企業であっても、短期の業績を指標とするのみで、中長期的な企業価値創造へ向けたインセンティブを与えるような報酬形態が採用されているのはまれであった。

　ここでハードルとなっていたのが、会社法であり、租税法の取扱いの不明確さであった。すなわち、役員らに報酬として株式等を付与することにより、経営者の株主化を図り、かかる対立構造を解消し、経営者に中長期的な企業価値向上へ向けたインセンティブを与えることにこれらの法律の未整備が障壁となっていたのである。

　もっとも、令和元年に会社法が改正され、無償発行型の株式報酬制度及び労務出資制度が創設されたし、平成28年度税制改正により、税制においても一定の改善が見られるようになった。すなわち、株式交付信託やストックオプションなど各役員給与類型について、全体として整合的な税制となるよう見直しがなされ、特定譲渡制限付株式、ストックオプションに係る課税の特例の対象を、非居住者役員や完全子会社以外の子会社の役員にも拡大した上で、業績連動給与（利益連動給与）について、複数年度の利益に連動したものや、株価に連動したものも損金算入の対象とするべく税制改正が行われたのである。

本書では、上記のような最近の法改正を紹介するとともに、問題点の指摘などを行った。

　また、税務コンプライアンスという括りでみると、上記の報酬の多様性の問題にとどまらない。企業の社会的責任論といった企業行動に対する責任問題から、公益通報者保護法という自浄作用に働きかける制度導入論にまで広い裾野を有する問題でもある。

　本書では、このような広角な視点からも議論を捉えることとし、今日の企業を取り巻くコンプライアンス問題の租税法版をまとめることで、税社会の在り方を読者の意識に訴えかけるべく企画したものである。

　読者には、かような試みに最後までお付き合いいただいたことに謝意を表したい。

　執筆者を代表して御礼を申し上げる次第である。

令和2年10月

酒　井　克　彦

・著者紹介・

| 編著者 |

酒井　克彦（さかい・かつひこ）

中央大学法科大学院教授、博士（法学）、（一社）アコード租税総合研究所所長、（一社）ファルクラム代表理事。

【執筆】 第1章1・4・5、第3章1・2

[主な著書]

『レクチャー租税法解釈入門』（弘文堂2015）、『租税正義と国税通則法総則』〔共編著〕（信山社2018）、『通達のチェックポイント―相続税裁判事例精選20―』〔編著〕（第一法規2019）、『同―所得税裁判事例精選20―』〔編著〕（第一法規2018）、『同―法人税裁判事例精選20―』〔編著〕（第一法規2017）、『アクセス税務通達の読み方』（第一法規2016）、『プログレッシブ税務会計論Ⅰ〔第2版〕』（中央経済社2018）、『同Ⅱ〔第2版〕』（中央経済社2018）、『同Ⅲ』（中央経済社2019）、『同Ⅳ』（中央経済社2020）、『裁判例からみる税務調査』（大蔵財務協会2020）、『裁判例からみる法人税法3訂版〕』（大蔵財務協会2019）、『裁判例からみる所得税法』（大蔵財務協会2016）、『スタートアップ租税法〔第4版〕』（財経詳報社2020）、『ステップアップ租税法概念論』（財経詳報社2020）、『ステップアップ租税法と私法』（財経詳報社2019）、『クローズアップ事業承継税制』〔編著〕（財経詳報社2019）、『クローズアップ課税要件事実論〔第4版改訂増補版〕』（財経詳報社2017）、『クローズアップ保険税務』〔編著〕（財経詳報社2017）、『クローズアップ租税行政法〔第2版〕』（財経詳報社2016）、『所得税法の論点研究』（財経詳報社2011）、『「正当な理由」をめぐる認定判断と税務解釈』（清文社2015）、『「相当性」をめぐる認定判断と税務解釈』（清文社2013）、『キャッチアップ デジタル情報社会の税務』〔編著〕（ぎょうせい2020）、『キャッチアップ保険の税務』〔編著〕（ぎょうせい2019）、『キャッチアップ外国人労働者の税務』〔編著〕（ぎょうせい2019）、『キャッチアップ改正相続法の税務』〔編著〕（ぎょうせい2019）、「キャッチアップ仮想通貨の最新税務」〔編著〕（ぎょうせい2019）、『新しい加算税の実務』〔編著〕（ぎょうせい2016）、『附帯税の理論と実務』（ぎょうせい2010）、ほか多数。

著者 （執筆順）

泉　絢也 （いずみ・じゅんや）

千葉商科大学商経学部准教授、博士（会計学）、（一社）アコード租税総合研究所研究
顧問

【執筆】 第1章2

[主な著書]

『パブリックコメントと租税法』（日本評論社2020）、『キャッチアップ デジタル情
報社会の税務』〔共著〕（ぎょうせい2020）、『キャッチアップ保険の税務』〔共著〕（ぎょ
うせい2019）、『キャッチアップ外国人労働者の税務』〔共著〕（ぎょうせい2019）、
『キャッチアップ改正相続法の税務』〔共著〕（ぎょうせい2019）、『キャッチアップ
仮想通貨の最新税務』〔共著〕（ぎょうせい2019）、『仮想通貨はこう変わる！！暗号
資産の法律・税務・会計』〔共著〕（ぎょうせい2019）、『実務にすぐに役立つ改正債
権法・相続法コンパクトガイド』〔共著〕（ぎょうせい2019）、ほか多数。

菅原　英雄 （すがはら・ひでお）

税理士、菅原経理事務所所長。税務会計研究学会会員、（一社）アコード租税総合
研究所研究顧問、中央大学講師

【執筆】 第1章3

[主な著書]

『合併等の税務』〔共著〕（大蔵財務協会2018）、『きちんとわかる移転価格の基礎と実
務』（税務経理協会2017）、『クローズアップ保険税務』〔共著〕（財経詳報社2017）、『イ
チからはじめる法人税実務の基礎〔3訂版〕』（税務経理協会2016）、『キャッチアッ
プ デジタル情報社会の税務』〔共著〕（ぎょうせい2020）、『キャッチアップ保険の税
務』〔共著〕（ぎょうせい2019）、『キャッチアップ仮想通貨の最新税務』〔共著〕（ぎょ
うせい2019）、ほか多数。

石井　亮（いしい・りょう）

弁護士・税理士、和田倉門法律事務所パートナー、（一社）アコード租税総合研究所研究顧問、青山学院大学法学研究科非常勤講師、野村資産承継研究所主任研究員

【執筆】第2章1

［主な著書］

『ケースでわかる固定資産・リースの会計と税務』（中央経済社2019）、『事業承継の法律相談』〔編著〕（青林書院2018）、『キャッチアップ改正相続法の税務』〔共著〕（ぎょうせい2019）、『平成30年度税制・通達改正対応　事業承継対策ガイドブック』〔共著〕（ぎょうせい2018）、ほか多数。

内田久美子（うちだ・くみこ）

弁護士、和田倉門法律事務所マネージングパートナー、（一社）アコード租税総合研究所研究顧問

【執筆】第2章2

［主な著書］

『知らなきゃ困る！税理士業務のための民法改正ハンドブック（相続法編）』〔共著〕（第一法規2019）『知らなきゃ困る！税理士業務のための民法改正ハンドブック（債権法編）』〔共著〕（第一法規2018）、『キャッチアップ改正相続法の税務』〔共著〕（ぎょうせい2019）、ほか多数。

松嶋　隆弘（まつしま・たかひろ）

日本大学法学部教授、弁護士（みなと協和法律事務所）

前日本私法学会理事、前日本空法学会理事。元公認会計士試験委員。

【執筆】第2章3

［主な著書］

『会社非訟事件の実務』〔編著〕（三協法規出版2017）、『仮想通貨はこう変わる!!暗号資産の法律・税務・会計』〔編著〕（ぎょうせい2019）、『法務と税務のプロのための改正相続法徹底ガイド〔令和元年施行対応版〕』〔編著〕（ぎょうせい2019）、『実務が変わる！令和改正会社法のまるごと解説』〔編著〕（ぎょうせい2020）、『事業者のためのパンデミックへの法的対応～コロナ禍で生き残る法律知識のすべて～』〔編著〕（ぎょうせい2020）、ほか多数。

臼倉　真純（うすくら・ますみ）

（一社）アコード租税総合研究所主任研究員、（一社）ファルクラム上席主任研究員

【執筆】第3章1

[主な著書・論文]

『キャッチアップデジタル情報社会の税務』〔共著〕（ぎょうせい2020）、『キャッチアップ保険の税務』〔共著〕（ぎょうせい2019）、『キャッチアップ改正相続法の税務』〔共著〕（ぎょうせい2019）、『キャッチアップ仮想通貨の最新税務』〔共著〕（ぎょうせい2019）、『新しい加算税の実務』〔共著〕（ぎょうせい2016）、『クローズアップ事業承継税制』〔共著〕（財経詳報社2019）、『クローズアップ保険税務』〔共著〕（財経詳報社2017）、『通達のチェックポイント―相続税裁判事例精選20―』〔共著〕（第一法規2019）、『同―所得税裁判事例精選20―』〔共著〕（第一法規2018）、『同―法人税裁判事例精選20―』〔共著〕（第一法規2017）、ほか多数。

改正会社法対応　キャッチアップ
企業法務・税務コンプライアンス

令和 2 年 12 月 11 日　第 1 刷発行

編　著　　酒井　克彦

発　行　　株式会社ぎょうせい

〒136-8575　東京都江東区新木場1-18-11
URL：https://gyosei.jp

フリーコール　0120-953-431

ぎょうせい　お問い合わせ　検索　https://gyosei.jp/inquiry/

〈検印省略〉

印刷ぎょうせいデジタル㈱　　　　　　　　　　　　　　©2020　Printed in Japan
※乱丁・落丁本はお取り替えいたします。

ISBN978-4-324-10859-8
(5108626-00-000)
［略号：キャッチコンプラ］